Stefan Jürgens

Ausgeheuchelt!

Stefan Jürgens

Ausgeheuchelt!

So geht es aufwärts mit der Kirche

HERDER

FREIBURG · BASEL · WIEN

Den Teilnehmenden am Synodalen Weg

MIX
Papier aus verantwor-
tungsvollen Quellen
FSC® C014496

© Verlag Herder GmbH, Freiburg im Breisgau 2019
Alle Rechte vorbehalten
www.herder.de

Satz: Carsten Klein, Torgau
Herstellung: GGP Media GmbH, Pößneck

Printed in Germany

ISBN Print 978-3-451-39054-8
ISBN E-Book 978-3-451-81895-0

Inhalt

Ausgeheuchelt! oder: Warum dieses Buch?

Eigentlich sollte dieses Buch anders heißen: »Luft nach oben«. Der Titel sollte Mut machend mehrdeutig sein. »Luft nach oben« – hier geht der Blick in Richtung Himmel, zu Gott, dem geheimnisvollen Grund und Ziel allen Lebens. »Luft nach oben« sagt aber auch, dass da noch etwas möglich ist. Es mag in der Kirche »fünf nach zwölf« sein, aber das kann Gott nicht daran hindern, die Geschichte mit den Menschen fortzuschreiben, in und außerhalb der Kirche. Ich möchte meinen Blick »nach oben« richten, Luft holen und dabei zeigen, dass es auch »mit der Kirche aufwärtsgehen« kann, wenn sie ihre Chancen heute wahrnimmt. Das bedeutet vor allem, dass sie den Blick auf die Menschen nicht verliert.

Jetzt lautet der Titel: Ausgeheuchelt! Weil der Wind des Wandels weht. Es ist Druck im Kirchenkessel. Die Basis will Reformen, die Leitung spiritualisiert. Ich meine jedoch: Man darf die Kirchen- und die Glaubenskrise nicht gegeneinander ausspielen. Das wird wichtig sein für den Synodalen Weg, für die Amazonas-Synode, für die vielen Reformbewegungen und ihre hierarchiegehorsamen Alles-soll-beim-Alten-bleiben-Gegengruppen. Es hat sich ausgeheuchelt, die Kirche muss in der Realität ankommen und sich um ihrer Glaubwürdigkeit willen grundlegend erneuern. Sie muss von den modernen Demokratien lernen und synodal werden, sich auf die modernen Wissenschaften einlassen und die Erkenntnisse der Theologie endlich ernst nehmen. Das ängstliche Verharren im Klerikalismus des 19. Jahrhunderts ist mit viel Heuchelei erkauft worden. Damit muss endlich Schluss sein.

Ich ordne meine Gedanken biografisch an, weil mir in jeder Phase meines Christ- und Priesterseins Erfahrungen und Erkenntnisse geschenkt worden sind, in denen ich neue Chancen für die Kirche sehe. Dies ist also ein persönliches Buch, ein seelsorglich motiviertes Buch, dessen Gedanken durchs Leben gegangen sind. Theologie ist Biografie. Und weil es auch ein sehr kritisches und ehrliches Buch ist, mit dem ich mich kirchenpolitisch durchaus auf Glatteis begebe, stelle ich sehr bewusst meine eigene Interpretation des Glaubensbekenntnisses an den Schluss. Ich bin kritisch, aber loyal.

Priestersein ist mein Traumjob. Und noch mehr: meine Berufung! Ich habe darin mein Lebensglück gefunden. Ich möchte nichts anderes sein und tun als das, was ich jetzt bin und tun darf. Das bedeutet: Ich begreife mich mehr als Verkünder einer Botschaft und Begleiter von Menschen denn als Vertreter einer Institution. Deshalb war ich auch von Anfang an kritisch: Allein die archaisch-magische Sakralisierung des Amtes und den daraus resultierenden klerikalen Umgang mit Macht habe ich schon immer für die Ursünde der katholischen Kirche gehalten. Wer mich kennt oder von mir gelesen hat, der weiß, dass ich diese Meinung nie verhehlt und auch offen ausgesprochen habe. Jetzt bin ich in der Mitte des Lebens; ich bin einundfünfzig Jahre alt, wurde vor etwas mehr als fünfzig Jahren getauft und bin fünfundzwanzig Jahre im Dienst als Priester. Ich habe die Erfahrung gemacht: Wer sich an Gott bindet, wird unabhängig von allem anderen. Wer sich an Jesus orientiert, gewinnt eine ganz tiefe innere Freiheit. Deshalb wage ich in diesem Buch manche Provokation, nicht um anzuklagen oder zu zerstören, sondern mitzuhelfen eine Kirche um- und aufzubauen, der ich mein Leben gewidmet habe und die ich trotz all ihrer Fehler immer noch lieben kann. Papst Franziskus lädt zu mehr Freimut ein, diese Einladung habe ich angenommen, offen und offensiv. Mancher wird beim Lesen denken: »Das mag ja alles stimmen, aber muss man das so ehrlich sagen, gerade als Mann der Kirche?« Das habe ich mich auch gefragt, mich aber dann dafür entschieden, das Schweigen zu brechen – um Gottes und seiner Kirche willen. Manches habe ich tatsächlich sehr drastisch formuliert, aber nicht aus persönlicher Frustration oder gar Groll, sondern aus Liebe zur Kirche. Die Lage ist zu ernst für verschwurbelte Sonntagsreden, es wird Zeit für einen klaren und klärenden Blick. Ungeheuchelt!

Was ich mit diesem Buch vor allem erreichen will: Ich möchte meinen Mitchristen Mut machen, in der Kirche zu bleiben. Und ich möchte meine Kolleginnen und Kollegen in der Seelsorge dazu auffordern, der Resignation zu widerstehen und weiterhin selbstverantwortet Kirche mitzugestalten. Sie sind nicht nur die Totengräber der Volkskirche, ihre Arbeit ist mehr als Palliativpastoral. Meine Erfahrung zeigt: Die Kirche ist nach wie vor gesellschaftsrelevant, und auch die Gemeinde vor Ort ist als soziale Größe nicht ausgestorben. Die Feier der Eucharistie ist nach wie vor an vielen Orten und für viele Menschen Quelle und Gipfel ihres geistlichen Lebens. In der Katechese mag man von fortlaufendem Erfolg sprechen, denn nach der Erstkommunion oder Firmung laufen die meisten tatsächlich fort und kommen vorerst nicht wieder; ich erlebe jedoch, dass die Sehnsucht nach Gott ungebrochen ist. Und mit der Caritas kann die Kirche auch Menschen außerhalb einer Kerngemeinde erreichen. Schließlich ist da noch das weite Feld der Kasualienpastoral – Taufe, Trauung, Beerdigung: Die Sinnsuche aufzugreifen, die hier verborgen liegt, ist eine hochprofessionelle Aufgabe und wirksame Verkündigung.

Trotz all dieser Chancen und Bedeutungen muss man diagnostizieren: Die gut organisierte katholische Kirche in Deutschland ist auf dem Weg in eine gut organisierte Bedeutungslosigkeit. Die Kirche ist weltfremd geworden – und die Welt kirchenfremd. Oftmals steht die Kirche dem Evangelium geradezu im Weg. Und dabei fordert der Glaubenssinn des Volkes Gottes längst Reformen. Neue Zugangswege zum Amt, selbstverständlich auch für Frauen, sowie die Freistellung des Zölibats: Beides sind Dauerthemen und mittlerweile Ausdruck einer langen und lähmenden kollektiven Sexualneurose der katholischen Kirche mitsamt ihrer institutionellen Heuchelei. Ernstnehmen anderer Lebensmodelle und Biografien, Partizipation und Förderung des Engagements der Laien auf Augenhöhe, Ökumene und interreligiöser Dialog, die über symbolisches Händeschütteln hinausgehen: All das sind Reformen, die die Kirche endlich ernsthaft angehen muss, will sie nicht in jener gut organisierten Bedeutungslosigkeit enden.

Trotz dieser Probleme und Anfragen bin und bleibe ich ein glücklicher Christ und Priester, denn ich kann voll und ganz nach meinem Gewissen handeln und im Rahmen der Kirche das sagen und tun, was ich für richtig und wichtig halte. Priestersein ist mein Traumjob, weil ich den Menschen nahe sein und alle Situationen ihres Lebens begleiten darf. Das Vertrauen, das einem dabei immer noch entgegengebracht wird, ist fantastisch, eine riesengroße Chance. Christsein ist eine Berufung, weil ich Jesus liebe und mich von ihm vorbehaltlos geliebt weiß, vor aller Leistung und nach aller Schuld. Für ihn und seine Botschaft lohnt sich jeder Einsatz, denn sie ist nach wie vor das Beste, was Gott und Welt zu bieten haben. Ich bin trotz allem im Großen und Ganzen zufrieden. Wenn ich auch meine: Die Welt braucht weniger Kirche und mehr Jesus. Gott ist größer als die Kirche, er ist längst bei den Menschen, wir müssen ihn da nicht erst hinbringen. Nicht nur die Kirche hat eine Mission, sondern Gottes Mission hat – auch – eine Kirche.

Ich bin 1994 zum Priester geweiht worden, aber das ist mir mittlerweile gar nicht mehr so wichtig; ich begreife ich mich innerlich gar nicht so sehr als Priester in der Kirche, sondern viel eher als Christ in der Welt. Wenn ich das wirklich ernst nehme, ist alles getan, was ich tun kann. Gerne nenne ich mich selbst einen Spielmann Gottes, denn da steckt Musik drin, Gottvertrauen – und eine geballte Portion Humor, die man dringend braucht, wenn man hauptberuflich bei der Kirche beschäftigt ist. Musik und Humor sind für mich Quellen für Resilienz, das heißt für die Fähigkeit, durch Krisen zu wachsen, darin Haltung zu bewahren und sogar an persönlicher Reife zu gewinnen. Ich glaube Jesus seinen Gott, und zwar dank, mit und trotz der Kirche.

Eine editorische Anmerkung sei gestattet: Um eine bessere Lesbarkeit zu ermöglichen, verzichte ich an den meisten Stellen im Buch bewusst auf die Nennung beider Geschlechter sowie auf das Gender*sternchen. Gemeint sind aber immer alle (w/m/d). Wenn ich dennoch einmal beide Geschlechter nenne, tue ich es um der angedachten Kirchenreform willen: Christinnen und Christen, Pastoral- und Gemeindereferent*innen, Diakoninnen und Diakone, Priesterinnen und Priester, Bischöfinnen und Bischöfe. Eine Päpstin kommt auch noch, aber wahrscheinlich erst später.

Wie ich Christ und warum ich Priester geworden bin

Glauben und Vertrauen

Glauben heißt Vertrauen. Und die Gabe, jemandem vertrauen zu können, entsteht durch Urvertrauen ganz am Anfang des Lebens. Dabei wissen Eltern von ihrem neugeborenen Kind nicht viel. Sie wissen, ob es ein Mädchen oder Junge ist, welchen Namen sie ausgewählt haben, dass es schreit, Hunger hat und die Windeln vollmacht. Ziemlich wenig wissen die Eltern von ihrem Kind, und doch lieben sie es über alles. Und noch mehr: Sie opfern einen großen Teil ihres Lebens und ihrer Kraft, damit ihr Kind sich entwickeln kann, und das mit dem sicheren Wissen, dass ihnen das niemals vergolten werden wird. Jeder Mensch, der in Geborgenheit aufwachsen durfte, hat also gleich am Anfang seines Lebens erfahren dürfen, was Liebe und Hingabe bedeuten.

Geliebt sein heißt, unbedingt erwünscht zu sein, vor aller Leistung und nach aller Schuld. Wer Liebe erfahren hat, kann lieben – in diesem einfachen Satz lässt sich wohl alle Pädagogik zusammenfassen. Eine solche Liebe habe ich als Kind erfahren dürfen, eine Geborgenheit, und die Hingabe meiner Eltern, die wirklich alles gegeben haben, damit ich mich in aller Freiheit entwickeln konnte. Aus diesem Urvertrauen ist wohl meine Gabe entstanden, überhaupt glauben zu können. Immer mehr erkenne ich, dass Glaubenkönnen ein riesengroßes Geschenk ist. Ein Geschenk kann man sich nicht erarbeiten, nicht herbeizaubern und schon gar nicht erzwingen. Ich habe heute mehr denn je Verständnis für Menschen, die nicht glauben können. Sie sind nicht anders als ich, aber vielleicht hatten sie es anders.

Ich hatte also Glück. Und dabei haben meine Eltern nicht einmal sehr reflektiert an Gott geglaubt. Sie haben ihren Glauben geerbt und einfach weitergegeben, ein Christsein aus Geburt und Tradition, das sie niemals infrage gestellt haben. Mein Vater schwärmte von dem Kaplan, der mit ihm Doppelkopf spielte, meine Mutter von der netten Pfarrhaushälterin, die ihr im kalten Winter einen heißen Kakao anbot. Wären meine Eltern nicht im katholischen Emsland, sondern vielleicht in Moskau aufgewachsen, so hätten sie mich wohl sozialistisch erzogen; sie haben also einfach aufgegriffen und gelebt, was in ihrer Umgebung üblich war, es bedurfte keiner besonderen Entschiedenheit oder Auseinandersetzung. Die Religiosität, mit der sie aufgewachsen waren, kannte drei Hauptgebote: immer lieb und artig sein, sonntags zur Kirche gehen und vor der Ehe keinen Sex haben (das wäre das Allerschlimmste gewesen). Ihr Christsein bestand hauptsächlich aus Ritualen und Gewohnheiten, aber die mit hoher Verbindlichkeit: die Messe am Sonntag, ein Gebet am Morgen und eines am Abend und selbstverständlich das Tischgebet. Es waren auswendig gelernte Gebete, die über all die Jahrzehnte nicht verändert worden sind. Das wichtigste dabei waren wohl nicht die Worte, sondern war die Treue, mit der diese Rituale einfach beibehalten wurden.

Ansonsten haben sich meine Eltern in der Pfarrgemeinde engagiert, nicht übertrieben, wie mein Vater immer betonte, aber stetig. Man machte »bei Kirchens« mit, machte sich aber weiter keine Gedanken. Wir haben nur ganz selten von Gott gesprochen, an ihm gab es keine Zweifel, deshalb bedurfte es keiner weiteren Fragen. Gesprochen haben wir über den Pfarrer. Nein, nicht gesprochen: Geschimpft haben wir. Wir mochten seine Predigten nicht und auch nicht seinen Umgangsstil, aber wir respektierten seine Autorität. Schließlich waren wir mit und ohne Pfarrer eine lebendige Gemeinde und gingen zum Gottesdienst in einer Treue und Sturheit, die keiner guten Predigt bedurfte.

Es war ein geschlossenes katholisches Milieu. Meine Heimatgemeinde bestimmte meine Schul- und Freizeit zu hundert Prozent: katholischer Kindergarten, katholische Grundschule, katholische Bücherei (hier wurde buchstäblich vor-gelesen, also ausgewählt, was katholische Christen lesen durften); Messdienergruppe, Kinder- und Kirchenchor, später Küster- und Organistendienst. Auch hier überwog wie schon im Elternhaus die Geborgenheit, das Vertrauen und das Zuhausesein. Das ist der Grund, warum ich heute die Kirche bisweilen mit einem Elternhaus vergleiche: Auch wenn man sich davon emanzipiert und weiterentwickelt hat, ist einem zeitlebens nicht egal, was damit geschieht. Diese Gefühlslage mag manche bestimmen, die zwar mit der Kirche nichts mehr zu tun haben wollen, aber dennoch nicht austreten. Sie bestimmt auch diejenigen, deren Kirche geschlossen oder deren Gemeinde fusioniert werden soll. Es ist das Elternhaus, das verscherbelt man nicht so leicht; es bleibt das Symbol einer Herkunft, einer Heimat, selbst wenn man nicht mehr darin wohnt.

Besondere Priestervorbilder hatte ich nicht, und das war gut so. Meinen Heimatpfarrer würde ich heute, bei allem Respekt, als verschroben bezeichnen. Er warnte uns vor der modernen Welt, vor modernen Religionslehrern und, noch schlimmer, vor allen Kaplänen, die sowieso nicht fromm genug und politisch viel zu weit links waren. Er hatte keine Umgangsformen, zog sich in spirituelle Nischen zurück, stand der heiligen Messe vor mit frömmelndem Pathos und brüllte in der Predigt alles nieder, was ihm nicht passte. Dafür, das muss ich zugeben, war er auf seine Weise beeindruckend fromm. In der Jugendarbeit ging es hauptsächlich darum, jene Prioritäten zu setzen, die von ihm diktatorisch vorgegeben wurden. Das hierarchische und intrigante System, mit dem er die ganze Gemeinde durchzog, hatte faschistoide Züge, denn es ließ den Menschen keine Freiheit. Andersdenkende waren faktisch exkommuniziert.

Der Nachbarpfarrer war ein Machtmensch, der ständig nur von sich selber sprach und von seinen vielen superwichtigen Ämtern. Zuhören jedenfalls konnte er nicht. Klerikalismus ist ein archaisch-magisches Machtgefälle, insofern war die Kirchenwelt meiner Kindheit eine klerikale, die als selbstverständlich hingenommen wurde. Es gab eben nichts anderes. Ein dritter Priester in meiner Heimat war übrigens völlig verwahrlost, ein vierter alkoholkrank, ein fünfter depressiv und kaum handlungsfähig, ein sechster sprang mit den ihm anvertrauten Ordensschwestern um, als wären sie seine Sklavinnen, ein siebter lebte als Kaplan im Dauerkrach mit dem Ortspfarrer. Ein achter und neunter schließlich kamen in der Seelsorge gut zurecht, sie waren geschätzt und menschennah; diese beiden Priester haben später geheiratet. Pastoralreferenten gab es damals in meiner Heimatgemeinde noch nicht, wohl einige Ständige Diakone, die sich redlich mühten.

Die bange Frage, die ich mir schon damals gestellt habe, lautete: »Muss man, um Priester zu werden, komisch sein, oder wird man mit der Zeit komisch, wenn man Priester ist?«

Für meine Eltern waren, bei aller sichtbaren menschlichen Schwäche, auch ihre Ortspfarrer wenigstens ein bisschen unfehlbar, sie respektierten ihre Autorität. Andererseits konnten sie kräftig kritisieren und mit einem unverwechselbaren Humor sowie einer großen Sensibilität für Gerechtigkeit jedes hierarchische Gefälle karikieren. Mein Vater sagte nach einem guten Essen, selbstverständlich auf Plattdeutsch: »Das tut dir besser, als wenn der Herr Pastor dir die Hand gibt.« Und das Brimborium, das in seiner Kindheit anlässlich einer bischöflichen Visitation veranstaltet wurde, kommentierte er mit zwei schlichten Fragen: »Ist das denn nötig? Muss das so sein? Das sind doch auch nur Menschen wie du und ich!« Von eingebildeten Pinseln ließen sich meine Eltern jedenfalls nicht anschmieren, auch nicht von selbsternannten geistlichen Gefäßen. Das Glaubenszeugnis meiner Eltern war nicht besonders reflektiert, aber dennoch tief beeindruckend. Ich kann mich daran erinnern, wie meine Eltern bei der Wandlung andächtig in der Kirche knieten, nichts hätte sie jetzt aus ihrer inneren Ruhe und Versenkung reißen können. An Kinder- und Familiengottesdienste hingegen kann ich mich nur insofern erinnern, als dass ich sie immer schon langweilig fand. Das andauernde Pädagogisieren empfand ich als abschreckend und banal. Das Evangelium kommt eben auf zwei Beinen daher, nicht als Methode. Und auch nicht als Anspiel oder Bastelarbeit.

Unvergesslich ist mir auch der Weihbischof, der manchmal zur Visitation in die Gemeinde kam und der mich später auch gefirmt hat. Seine einzige Botschaft lautete: »Guckt mal, wie schön

ich bin und wie weit ich es gebracht habe«, sein ganzes Selbstbewusstsein steckte in der Mitra, dem riesigen bunten Hut, den
er sich während der Liturgie häufig auf- und dann wieder ab-
setzen ließ; ein Ritual, das man in der Verhaltensbiologie wohl
als Imponiergehabe bezeichnen würde und über das an der
Kirchenbasis immer wieder gewitzelt wird. Zum Beispiel so: Der
besagte Weihbischof besuchte einen Kindergarten und fragte die
Kinder, ob sie wüssten, wer er sei. Niemand wusste es. Dann zeigte er seinen Stab. Wieder keine Antwort. Darauf setzte er seine
Mitra auf und wiederholte seine Frage. Keines von den Kindern
konnte damit etwas anfangen. Zuletzt verwies er auf seinen Ring
und fragte wiederum: »Na, wer weiß denn jetzt, wer ich bin?« Da
polterte es aus einem Kind heraus: »Ein Angeber!« Kindermund
tut Wahrheit kund. Diese frühe Erfahrung jedenfalls muss meine
Sicht auf die Hierarchie nachhaltig geprägt haben.

Warum zähle ich diese Beispiele auf? Nicht, um einfach darüber
herzuziehen oder mich lustig zu machen. Ich will damit verdeut-
lichen, dass der Klerikalismus die gesamte Kirche prägte, dass die
Gläubigen das hinnahmen, und ich schon damals für mich einen
kritischen Blick auf die Hierarchie entwickelt habe und zugleich
all das als Geborgenheit erleben konnte. Von Geborgenheit war
auch meine Schulzeit geprägt, natürlich eng verbunden mit Kirche. Die erste Religionslehrerin war zugleich Seelsorgehelferin,
der nächste Religionslehrer wäre selbst gerne Priester geworden
und war zeitlebens ein beeindruckend frommer und verständnis-
voller Pädagoge. Erst im Gymnasium lernte ich den problemorientierten Religionsunterricht kennen, bei dem die Schüler
ihre Themen selbst festlegen konnten. Wir mussten immer tun,
was wir wollten, gelernt haben wir dabei so gut wie nichts. Fortan ging es überhaupt nicht mehr um Gott, sondern um soziale

Themen. Die Bibel spielte keine Rolle, es war ein oberflächliches Gelaber, aufgrund dessen ich mit vierzehn Jahren beschloss, mich vom Religionsunterricht abzumelden. Die Freistunden, die ich dadurch plötzlich zur Verfügung hatte, habe ich zum Orgelüben genutzt, durch das ich jetzt meine spirituelle Mitte fand.

Meine wichtigsten Glaubenszeugen und Gesprächspartner in Sachen Gott waren denn auch meine Musiklehrer. Musik hat spirituelle Kraft, weil sie ohne Worte auskommt und einen Menschen ganz in der Gegenwart sein lässt wie bei der kontemplativen Meditation. Mein erster Orgellehrer war der Küster und Organist meiner Heimatgemeinde. Er hat mir vorgelebt, wie man trotz aller negativen Erfahrung mit der Kirche gläubig bleiben kann, einfach indem man treu ist und durchhält. Mit ihm konnte ich über vieles sprechen. Er hat die Musikstücke, die ich bei ihm lernen durfte, kaum jemals selbst fehlerfrei spielen können; sein Konzert war die Ermutigung für die nächste Generation. Kein Organist aus den benachbarten Gemeinden, auch die künstlerisch begabteren, hatte so viele Schüler wie er. Heute würde ich sagen: Er hat durch seine Menschlichkeit die Verschrobenheit des Pfarrers voll und ganz ausgleichen können, er war durch sein großes musikalisches Netzwerk aus verschiedenen Chören der eigentliche Seelsorger der Gemeinde. Bei ihm habe ich gelernt, dass man, um wahrhaft Seelsorger zu sein, keine Priesterweihe braucht. Wohl deshalb habe ich mich niemals als Priester gefühlt, sondern immer als ein Christ, der einen Dienst innerhalb der Gemeinde tut. Die Weihe gibt der Sendung durch Christus und die Kirche einen starken Rückhalt, gleicht aber keinen Mangel an Begabung, Charakter und Bildung aus. Alles andere wäre Magie. Vielleicht kann die Priesterweihe die Identität stärken, ohne die es keine persönliche Ausstrahlung gibt.

In der Oberstufe meldete ich mich wieder zum Grundkurs Religion an, aber eigentlich nur aus der Angst heraus, das Fehlen der Religionsnote könnte ein Grund dafür sein, dass man mich im Priesterseminar ablehnen würde. Denn Priester werden wollte ich bereits mit zehn Jahren. Das war selbstverständlich mehr eine Ahnung als ein Entschluss. Es gab zwischenzeitlich noch andere Berufswünsche: Kirchenmusiker, Lehrer, Apotheker. Außerdem hatte ich schon damals in der konkreten Verantwortung, die Ehe und Familie mit sich bringen würden, ein höheres Ideal gesehen als im möglicherweise abgehobenen und selbstbezogenen ehelosen Leben. Dass der Zölibat einsam und egozentrisch machen konnte, hatte ich ja durch die Priester meiner Heimatstadt stets vor Augen. Priesterwerden blieb dennoch das geheime Ziel, von dem ich allerdings niemandem etwas erzählt hätte, am wenigsten meinem Heimatpfarrer, weil ich befürchten musste, er würde mich dann zu stark beeinflussen wollen mit seinem frommen Geschwafel. Er war ja schon seit frühester Kindheit mein Gegenbild: So wollte ich niemals werden! Durch meinen Dienst als Organist lernte ich als Jugendlicher dann doch einige Priester kennen, die ich authentisch fand. Sie waren freundlich und aufgeschlossen, hatten Interesse an Menschen und konnten zuhören.

Entschluss und Ernüchterung

Etwa ein Jahr vor meinem Abitur habe ich mich definitiv entschlossen, Priester werden zu wollen. Da ich jedoch noch sehr zurückhaltend und schüchtern war, konnte ich mir nicht vorstellen, vor einer Gemeinde zu stehen und zu predigen. Außerdem fühlte ich mich nicht fromm genug für ein solches Leben.

Ich konnte nicht reden und nicht beten. So habe ich mich lange gefragt, ob die Diözese mich überhaupt als Priesteramtskandidat annehmen würde. Durch die C-Ausbildung zum nebenamtlichen Kirchenmusiker und einen Kontakt zur Diözesanstelle *Berufe der Kirche* hatte ich zwar eine Ahnung vom Priesterseminar, aber die Vorbehalte waren größer. Mir kam ein solches Haus weltfremd und verschlossen vor.

Tatsächlich lernte ich eine ganz eigene Welt kennen, als ich ins *Collegium Borromäum*, dem damaligen Theologenkonvikt des Bistums Münster, einzog. Dieses Haus gegenüber dem Dom ist ein riesiges neobarockes Schloss, anziehend und abschreckend zugleich. Damals lebten in diesem »Kasten«, wie wir das *Borromäum* nannten, hundertdreißig Priesteramtskandidaten in vier Kursen, ein weiterer Kurs befand sich jeweils im Außensemester. Es waren die Söhne der geburtenstarken Jahrgänge aus nach wie vor überwiegend kirchennahen Familien. Der regelmäßige Tagesablauf, die Gebetszeiten, die festlichen Gottesdienste und das alltägliche Miteinander, das in zehn Wohngemeinschaften organisiert war, gefielen mir gut. Ich konnte mich einfügen, fühlte mich nicht eingeengt, sondern gut aufgehoben. Wie in meiner Familie habe ich einfach mitgemacht, was dort üblich war. Ich war ja selbst noch Christ aus Geburt und Tradition, noch nicht aus Einsicht und Entscheidung. Die kamen erst viel später. Ein Revoluzzer war ich deshalb nicht. Was mir jedoch schon immer auf die Nerven ging, waren das geistlich getarnte Getue und das fromme Gelaber sowie die archaisch-magische Überhöhung des kirchlichen Amtes mitsamt den daraus resultierenden kindisch-klerikalen Rangeleien unter den Kommilitonen mit Karriereabsichten. Da habe ich einfach nicht mitgemacht.

Und noch etwas ist mir von vornherein aufgefallen: Es gab dort ziemlich viele schräge Typen, es wimmelte von selbstbezogenen jungen Männern, die nicht nur auf der Suche waren nach Gott, sondern auch nach einer Bühne. Manche haben während ihres Studiums das fromme Schaf gespielt und nach der Priesterweihe die Sau herausgelassen. Als Studenten waren sie angepasst, doch bereits mit der Primiz begann die Zeit ihrer privaten, meist ultrakonservativen Theologie und autoritären Pastoral. Denn jetzt konnte ihnen ja keiner mehr etwas, nicht einmal der eigene Bischof, und sie konnten sich auserwählt und erhaben fühlen. Heute, mit dem Wissen um die Missbrauchsfälle, wird mir klarer, was ich damals dort miterlebt habe: Ein Theologenkonvikt oder Priesterseminar war über Jahrhunderte eine ideale Zufluchtsstätte für unreif gebliebene Männer, die vor sich selbst fromm davonlaufen, besonders vor ihrer eigenen Sexualität. Wer mit sich selbst nicht klarkommt, weil er vielleicht homosexuell ist, dazu aber aufgrund seiner katholischen Sozialisation nicht stehen kann, oder wer sogar krankhafte Neigungen spürt, die er selbst nicht wahrhaben will, konnte all dies im Priesterseminar über lange Zeit ausklammern, weil es generell aufgrund des Pflichtzölibats im Priesterseminar ausgeklammert wurde. Zwar ist das Thema Sexualität angesprochen worden, aber noch nicht so deutlich wie dies ganz sicher heute der Fall ist; es blieb dem Gespräch mit dem Spiritual vorbehalten, das nicht verpflichtend war und deshalb häufig gar nicht stattfand, befand sich aber strukturell noch in der Schmuddelecke des Unaussprechlichen.

Im Theologenkonvikt *Collegium Borromäum* waren die meisten jungen Männer von Jesus begeistert, sie wollten mit dem Evangelium die Welt verändern. Es gab dort wirklich vorbildliche Priester, spürbare und sehr authentische Priesterberufungen unter den Kommilitonen und Kurskollegen, ein geistliches und freundschaftliches Miteinander. Wir hatten einander viel zu sagen, konnten voneinander lernen und uns menschlich, theologisch und geistlich weiterentwickeln. Dennoch haben sich Erinnerungen in mein Gedächtnis eingebrannt, die man eher in einem Boulevardmagazin als in einem Buch des *Herder-Verlages* vermuten würde. So wirkten manche meiner Mitstudenten, als könnten sie nicht bis drei zählen. Schon damals habe ich gedacht: »Wenn die Ehelosigkeit weiterhin die wichtigste Zulassungsbedingung zum Priesteramt ist, weit vor der menschlichen Reife oder der theologisch-pastoralen Kompetenz, dann muss man sich nicht wundern, dass wir so viele seltsame Priester haben.« Einige wenige wurden sogar regelmäßig übergriffig, zumindest verbal, um herauszufinden, wer von den Kommilitonen wohl ihrer eigenen sexuellen Neigung entsprach. Irgendwer schlich sich immer in irgendwelche Zimmer oder wollte mit irgendwem duschen. Mancher Heimatpfarrer besuchte und befummelte seinen »Schützling«, mancher hochrangige Geistliche schleppte Priesteramtskandidaten ab, darunter Ahnungslose und Karrierebewusste.

Einer der damaligen Direktoren sagte, man müsse aufpassen, »wer in diesem Haus als nächster mit dem Hintern wackelt«; ich empfand dies als vulgär und despektierlich, es war aber Teil einer institutionellen Scheinheiligkeit. Wenige Jahre später gab der Direktor selbst sein Priesteramt auf und ging eine gleichgeschlechtliche Partnerschaft ein. Dass er bereits als Ausbilder von künftigen Priestern ehrlich um seine eigene Berufung gerungen haben mag, nehme ich ihm auch im Nachhinein ab, weil er seinen Dienst ansonsten mit großer Hingabe versah. Dass er sich darüber hinaus aber bereits in der entsprechenden Szene getummelt haben soll, war damals ein offenes Geheimnis. Inner-kirchlich war er wohl kein Einzelfall, was man an den Kreisen erkennen konnte, in denen er verkehrte. Bei ihm gingen innere Not und äußere Heuchelei offensichtlich Hand in Hand, denn er wetterte heftig gegen Priester, die den Zölibat nicht durchhalten konnten, darunter sein eigener Bruder; er forderte einen kon-sequenten Lebensstil und fand dafür wohlfeil gewählte Worte. Später übertrug man ihm eine Pfarrstelle mit hoher Reputation, aus der er dann nach kurzer Zeit über Nacht verschwand. Von offizieller Seite ging man damit um wie immer – *damnatio memoriae*, die Verbannung aus der Erinnerung. Dadurch wird die komplette Verantwortung in den Einzelfall gelegt, der Einzel-ne wird moralisch belastet, die Institution strukturell entlastet. Man sprach einfach nicht mehr von ihm, es wurde nichts auf-gearbeitet, es wurde nichts gelernt. »Die größten Kritiker der Elche waren früher selber welche« ist ein Sprichwort, das zum katholischen Kirchenklüngel passt wie die Faust aufs Auge.

Viele von den auffälligen Typen waren hochkant aus dem »Kas-ten« herausgeflogen; manche waren geschickter und wurden in Dienst genommen, einige wenige machten schon als Stu-denten einen sehr erwählten und hochästhetisierten Eindruck und stiegen schnell die Karriereleiter empor. Es wäre viel bes-ser gewesen, das Thema Homosexualität ehrlich anzusprechen und vor allem zu entpathologisieren, aber dazu fehlte damals noch der Mut. Dass im katholischen Klerus zu diesem Thema unfassbar geheuchelt wird, hatte ich bereits geahnt, man musste sich nur aufmerksam unter Priesteramtskandidaten, an der theologischen Fakultät, in der Studierendengemeinde und am Domplatz umsehen. Diese Heuchelei hat mein Ver-trauen in die Kirche zutiefst erschüttert. Ich habe gemerkt, dass ich meinen eigenen Weg gehen muss, unabhängig, ohne Seilschaften und Beziehungskisten, dafür aber geradeaus. Der damalige Domorganist, bei dem ich während meines Theologiestudiums Orgelstunden nahm, meinte: »Wer dieses System miterlebt hat und immer noch Priester werden will, ist berufen.« Ich war also offensichtlich berufen, denn ich wollte immer noch Priester werden, und zwar aus ganzem Herzen. Im Priesterseminar läuft es heute übrigens viel besser, ehrlicher und reflektierter, man hat viel dazugelernt. Der münstersche Regens und Vorsitzende der Deutschen Regentenkonferenz, Hartmut Niehues, stellte gerade erst in der Bistumszeitung *Kirche+Leben* unmissverständlich fest: »Das System, wie es bisher besteht, ist am Ende.«

Das Studium der Theologie hat meinen Kinderglauben kräftig geläutert, und das war gut so. Besonders die historisch-kritische Bibelexegese hat mir die Augen geöffnet. Die theologische Fakultät war zwischen 1987 und 1992 noch ein Vorzeigeschild der Universität, es gab viele namhafte Professoren, bei denen man wirklich etwas lernen konnte. Allerdings empfand ich die meisten von ihnen als so dermaßen eitel, dass ich ihre Vorlesungen nicht gerne besuchen mochte; lieber habe ich ihre Bücher gelesen und mich dann zu den Prüfungen angemeldet. In den ersten Semestern ist mir auch die Praxisrelevanz ihrer Themen nicht aufgegangen; erst mit der Zeit fügten sich die Inhalte so zusammen, dass ich mich an der Theologie erfreuen konnte. Die wichtigste Erfahrung aus meinen beiden Freisemestern, dem Studienjahr an einer anderen Universität und dem Leben außerhalb eines Konvikts, war: Ich kann gut allein leben, ohne mich dabei einsam zu fühlen. In mir lebt eine große Sehnsucht nach Gott, und wo ich ganz bei mir bin, da bin ich ganz bei ihm. Ich kann allein sein und doch Gemeinschaft mit anderen suchen, in einem für mich stimmigen Ausgleich von Nähe und Distanz.

Der endgültige Entschluss zum Priesterberuf geschah übrigens im siebten Semester während einer Vorlesung über den Römerbrief. Währenddessen bin ich aufgewacht, als Christ erwachsen geworden. Die sogenannte Rechtfertigungslehre zeigte mir auch persönlich: Gott liebt mich, nicht weil ich gut bin, sondern weil er gut ist. Ich muss mir meine Daseinsberechtigung nicht erarbeiten, es ist alles Gnade. Damals konnte ich religiös aufatmen. Ich hatte verstanden: Das unterscheidend Christliche ist der Erlösungsglaube. Ich bin durch Jesus Christus erlöst vom Zwang der Selbsterlösung, der jeder bloß natürlichen Religion innewohnt. Jesus hat mich erlöst von der Religion – und befreit zum Glauben. Jetzt konnte ich mich selbst von meiner anerzogenen naiv-magischen Religiosität befreien und mich auf den Weg zu einem aufgeklärt-mystischen Glauben machen. Im Grunde genommen war dies aber kein Entschluss zum Priesterwerden, sondern meine Bekehrung zum Christsein. Vielleicht bedeutet mir deshalb heute mein Amt wenig, mein Christsein jedoch sehr viel.

Nach dem Diplom ging es ins Priesterseminar. Damals gab es im Bistum Münster noch eine Trennung zwischen Konvikt und Seminar, diese besteht heute nicht mehr, allein wegen der nur noch wenigen Priesteramtskandidaten. Und es gab noch kein praktisches Gemeindejahr vor der Diakonenweihe. Es ging also direkt vom Studium in die Weihevorbereitung. Praxisrelevant war beides nicht, weder das Studium noch die Vorbereitung zur Diakonenweihe; es gab also faktisch keine Berufseinführung.

Im Nachhinein ist mir klargeworden, woran das lag: Unsere priesterlichen Ausbilder hatten selbst nur wenig Praxiserfahrung, sie waren niemals Pfarrer gewesen. Die Spirituale schwafelten weiterhin schöngeistig daher, die Regenten delegierten den Großteil der Inhalte an Referenten aus dem Generalvikariat, die meistens auch nur auf der Metaebene agierten. Dennoch konnte ich diese Zeit genießen, da sie viel Freiraum bot für erfrischende Kontakte in die real existierende Welt, für Kultur und Muße, und besonders für das persönliche Gebet, das mir immer wichtiger geworden war. Dass ich mich rhetorisch freischwimmen konnte, dass mir die Bibel etwas sagte und ich etwas zu sagen hatte, war die schönste Erfahrung aus dieser Zeit. Mir wurde klar: Gott ist da, ganz nah. Das Gottvertrauen aus meiner Kinderzeit hatte gehalten, es war durch den Scheuersack der Theologie gegangen, hatte sich von der konkreten Kirchenerfahrung emanzipiert und war dabei klarer und verlässlicher geworden als je zuvor.

Real existierendes Christentum

Ein Konglomerat
aus
griechischer Philosophie,
römischem Recht,
germanischer Gefolgstreue,
mittelalterlicher Angst,
absolutistischer Macht,
aufklärerischer Entmythologisierung,
romantischem Traditionalismus,
gemeindeideologischem Gutmenschentum
und einer kleinen Prise Jesus.

Dennoch:
Es gibt das Christentum
nicht nackt,
nicht chemisch rein,
sondern nur
im Gewand der Geschichte,
im Gemenge der Meinungen.

Solange ich Jesus im Munde führen darf,
schlucke ich das andere gern.
Solange er in meinem Herzen ist,
poche ich auf dem anderen nicht herum.
Solange mir sein Wort unter die Haut geht,
kratzt mich das andere weniger.
Solange er mein Handeln motiviert,
haut mich das andere nicht um.

Er in mir,
ich in ihm,
er mit mir
auf dem Weg
zum Vater.

Christus in uns,
zwischen uns,
durch uns hindurch.

Darum geht's.

So geht es aufwärts mit der Kirche (1)

- Eltern werden immer die ersten Glaubenszeugen sein, deshalb muss die Katechese vor allem diese in den Blick nehmen. Die Vertiefung des Glaubens mit den Eltern ist wichtiger als das Einpauken von Ritualen mit den Kindern.
- Die Gemeinde vor Ort wird auch in Zukunft wichtig bleiben, deshalb dürfen alle gutgemeinten Projekte und Angebote diese Sozialform der Kirche nicht verdrängen.
- Das Priesterseminar hat ausgedient und gehört deshalb abgeschafft. Theologie und Spiritualität brauchen von vornherein mehr Praxis, und zwar im Miteinander der verschiedenen pastoralen Berufsgruppen.

Wodurch ich mich entwickeln konnte

Auf Wolke sieben

Mit vierundzwanzig Jahren bin ich zum Diakon geweiht worden. Heute würde ich sagen: Das war zu früh. Ich hätte noch etwas anderes studieren, mir mehr Zeit lassen sollen. Während der Weihehandlung hatte ich das Zölibatsversprechen abzulegen. Ich habe das damals mit voller Überzeugung getan, dabei aber im Stillen gedacht: Hoffentlich geht das gut! Das Diakonatsjahr war dann jedoch fantastisch. Es gab damals noch überschaubare Gemeinden: eine Kirche, ein Pfarrheim, ein Pfarrhaus, ein Pfarrer und eine Pastoralreferentin. Jetzt war ich auch da, jetzt gehörte ich dazu. Der Pfarrer hatte eine gute Mentoratsmethode: *learning by doing.* Ich durfte alles machen, alles ausprobieren. Und weil er in der Lebensmitte und gerade ein bisschen müde war, ließ er mich vor allem das tun, wozu er selbst im Moment keine Lust hatte. Ein Diakon im Ausbildungsjahr muss Fehler machen dürfen, und das habe ich auch. Dennoch war ich auf »Wolke sieben«, der Zuspruch war hoch. Kinder- und Jugendarbeit, Religionsunterricht, Taufen, Trauungen, Beerdigungen – alles lief wie am Schnürchen. Auch für kritische Positionen in Sachen Theologie und Kirche gab es einen Raum. Nach einem

Jahr war ich allerdings so entkräftet, dass ich im Krankenhaus gelandet bin. Ich hatte mich in meiner Begeisterung schlichtweg übernommen.

Danach ging es wieder für einige Monate ins Priesterseminar, mit wiederum wenig Verwertbarem für die konkrete Pastoral. Aber egal, es war eine Verschnaufpause, wir haben uns im Weihekurs gut verstanden und eine Menge Unsinn veranstaltet, zum Beispiel eine kirchenkritische Kunstausstellung, die über Nacht das ganze Seminar ausfüllte und für eine große Verunsicherung gesorgt hat. Die Priesterweihe rückte näher, dafür musste vieles vorbereitet werden. Von den siebenunddreißig Theologiestudenten, die 1987 gemeinsam mit mir im *Collegium Borromäum* angefangen hatten, waren jetzt noch achtzehn übrig geblieben, dennoch für heutige Verhältnisse ein riesengroßer Kurs. Nach der Weihe im Dom zu Münster standen einige Primizfeiern an. *Primiz* nennt man die erste Messfeier, der ein neugeweihter Priester vorsteht, darum ranken sich viele magische Vorstellungen, die auch 1994 noch nicht überwunden waren. So wurde der Weg zwischen meinem Elternhaus und der Kirche mit Birkenzweigen und achtzehntausend Papierrosen geschmückt, es war sehr feierlich, die ganze Gemeinde war auf den Beinen, selbst der Bürgermeister und mein ehemaliger Gymnasialdirektor hielten eine Rede. Die Primizfeiern habe ich mit stoischer Gelassenheit ertragen, ich hatte den Eindruck, dass hier eine Volksreligiosität fröhliche Urständ feierte, die theologisch niemand mehr verantworten konnte.

Noch besser als im Diakonat ging es mir in der ersten Kaplansgemeinde. An einem Pfarrer, der wirklich durch und durch Seelsorger war, konnte ich Maß nehmen und tue dies bis heute. Kein

Pfarrer, den ich kenne, konnte sich selbst dermaßen zurücknehmen und dadurch seine Mitchristen ermutigen wie er. Keine andere Gemeinde, in der ich tätig war, hatte so viele Getaufte, die ihr Christsein bewusst ernstnahmen, die der Kirche gegenüber kritisch und dem Evangelium gegenüber loyal waren. Die so genannten »Hauptamtlichen« mussten gar nicht alles selber leiten, vielmehr hatten die Ehrenamtlichen ihren Glauben selbstbewusst in die Hand genommen. Ich erinnere mich an das erste Treffen mit dem Ausschuss zur Vorbereitung des Firmsakraments. Eine Mitchristin sagte mir: »Herr Kaplan, wir bereiten die Firmkatechese vor, wenn Sie Zeit und Lust haben, können Sie auch dazukommen.« Die hätten das also auch ohne mich gemacht, gut so. Auch als Religionslehrer konnte ich mich ausprobieren; die Erfahrungen an einem bischöflichen Gymnasium vermochten mich mit meiner eigenen eher langweiligen Schulvergangenheit zu versöhnen. Es war eine unglaublich bereichernde Zeit, die leider zu schnell endete: Nach zweieinhalb Jahren Kaplanszeit starb der Pfarrer an Krebs, nach insgesamt drei von eigentlich vier vorgesehenen Kaplansjahren wurde ich versetzt.

Als Jugendseelsorger war ich fortan zuständig für die Jugendverbände einer Region sowie für eine Jugendbildungsstätte. Damit hatte ich zunächst zu kämpfen, denn ursprünglich hatte man mir eine andere Stelle fest versprochen. Der eigentlich zur Versetzung anstehende Kollege behielt jedoch die Stelle, weil er die größere Nähe zum damaligen Bischof hatte. Ich selbst fühlte mich deshalb überflüssig und »entsorgt«. Später verliebte sich der Kollege in eine Frau, doch man bot ihm an, ihn dennoch weiter zu stützen, wenn er dieses Verhältnis geheim halten würde, was er aber nicht tat. Er selbst war also aufrichtig, der Fisch stank wieder einmal vom Kopf her, aber diese Heuchelei vermochte mich schon nicht mehr zu berühren. Vielmehr wurde mir von Tag zu Tag klarer, dass wir eine grundlegende Kirchenreform brauchen.

Die kirchliche Jugendarbeit, mein neues Arbeitsfeld, war damals vorrangig sozialpädagogisch aufgestellt, es ging teilnehmerorientiert zu, ähnlich wie im problemorientierten Religionsunterricht während meiner Schulzeit. In den Kursen leitete man einige Methoden an, um die Jugendlichen ins Gespräch und vor allem in Aktion zu bringen; worüber, das war eigentlich egal. Um Gebetszeiten, Bibel und Gottesdienst musste ich deshalb immer wieder mit meinen Kolleginnen und Kollegen aus der Sozialpädagogik ringen. Als ich einmal Psalm 139 in eine Traumreise eingefügt habe, meinte hinterher ein Kollege: »Da hast du denen ja mal wieder den lieben Gott ganz schön um die Ohren gehauen.« Dennoch hatte ich mir irgendwann ein Alleinstellungsmerkmal erarbeitet: Ich stand für die Inhalte. Die prozess- oder teilnehmerorientierte Arbeit hatte den Vorteil, dass die Wünsche der Teilnehmer im Vordergrund standen, und den Nachteil, dass konkrete Inhalte meistens keine Rolle spielten, am wenigsten Gott. Um ihn ging es nur am Rand, er wurde mitgedacht, wenn die Atmosphäre stimmte und man gut miteinander umging. Was für ein Trugschluss! Meine Grunderfahrung aus der kirchlichen Jugendarbeit lautet: Die Kirche ist bis ins Mark säkularisiert, wir finden auch unter den hauptamtlichen Mitarbeitern nur sehr wenige Glaubenszeugen. Die Kirche ist zu einem Sozialkonzern auf ganz dünnen theologischen Beinchen geworden, denn die meisten ihrer Mitarbeiter sind religiös sprachunfähig oder schämen sich sogar ihres Glaubens. Nur mit dem pastoralen Dreischritt »ankommen – verkommen – umkommen« (Vorsicht Ironie!) kann man kein christliches Profil schärfen und auch nicht glaubwürdig von Jesus Christus Zeugnis geben.

Gemeinschaft erfahren

Allein als Jugendseelsorger fühlte ich mich deshalb nicht wohl, ich brauchte auch eine Gemeinde. Diese fand ich in Gestalt einer kleinen Pfarrei, die man noch nicht in eine größere einverleiben konnte, weil die Nachbarpfarrer schon zu alt waren und sich eine weitere Aufgabe und Verantwortung nicht zutrauen wollten. Diese kleine Pfarrei war meine Rettung. Ich war dort der Hobbypastor, die Leitung der Pfarrei war mein Ehrenamt, denn ich hatte ja weiterhin eine volle Stelle als Jugendseelsorger. Mit dieser Gemeinde konnte ich endlich wieder regelmäßig die Eucharistie feiern, nun hatte ich Menschen, die mit mir glaubten, und nicht nur Kursteilnehmer, für die ich etwas zu veranstalten hatte. In der Gemeinde herrschte ein archaisch-magischer Kinderglaube vor, eine klerikal verursachte Unmündigkeit, wie ich sie aus meiner Heimatgemeinde kannte. Mein Vorgänger hinterließ mir also eine große pastorale Aufgabe, dazu einen riesigen Reparaturstau und eine Million D-Mark in Nebenkassen jenseits der nachprüfbaren Kirchenverwaltung. Gute Ausgangsbedingungen für den Gemeindeaufbau sind das, der Kirchenvorstand konnte damit alle Gebäude renovieren und ich durfte den Glauben der Mitchristen auf eigene Füße stellen.

Damals habe ich zum ersten Mal einen meiner wichtigsten Schwerpunkte gesetzt, die Erwachsenenkatechese. Während die Sakramentenkatechese für Kinder nicht mehr als eine Eingewöhnung in die Rituale der Kirche sein kann, geht es bei der Erwachsenenkatechese um eine Vertiefung des Glaubens, um ein intellektuelles und existenzielles Verstehen seiner Inhalte, um das persönlich-geistliche Leben und eine kritisch-loyale Kirchlichkeit. Zu den Glaubensgesprächen dieser Pfarrei kamen

Menschen aus der ganzen Umgebung, die Gemeindeexerzitien waren wenige Tage nach deren Ausschreibung voll belegt. Die kleine Pfarrei hatte nur eintausend Mitglieder; weil aber die Kirche der einzige Kulturträger im Dorf war, gab es sehr viele Ministranten, Chorsänger, Orchestermusiker, Ehrenamtliche. Und einen Gottesdienstbesuch von etwa fünfzig Prozent. Es gab Leiter von Wortgottesfeiern, Jugendarbeit und Caritas lagen komplett in der Hand von Ehrenamtlichen, also von Getauften.

In meiner Diözese begann damals gerade die Fusionswelle, die ersten Pfarreien wurden zusammengelegt. Ambitionierte Weihbischöfe wetteiferten, wie mir damals schien, darum, wer die gewachsenen Gemeindestrukturen wohl am schnellsten zerschlagen würde. Die Erfahrung aus meiner kleinen Pfarrei hat mich gelehrt, wie zerstörerisch die vielen Gemeindefusionen sein würden. Zwar ist das Christentum eher eine Aufbruchsgemeinschaft und kein Heimatverein, wie es damals etwas despektierlich von einigen aus der Diözesanleitung zu hören war; man kündigte das Ende der territorialen Pfarrei an und meinte, Christsein bräuchte in mobiler Gesellschaft andere, neue Sozialformen – was das konkret heißen würde, blieb offen. Ich habe damals dagegen erfahren dürfen, dass der Glaube nach wie vor ein Zuhause braucht und eine verbindliche Gemeinschaft. Die Fusionen zu sogenannten »XXL-Pfarreien« haben dem Glauben geschadet, sie waren ja ausschließlich dem Priestermangel geschuldet, also aus der Not geboren: eine Mangelverwaltung, die bloß theologisch und spirituell schöngeredet wurde. Mit neben- oder ehrenamtlichen Priesterinnen und Priestern hätte man diese Gemeinden ortsnah belassen können, wäre die Kirche im Dorf geblieben. Meine kleine Pfarrei, die mich damals geistlich gerettet hat, ist heute einer von vier Teilen einer Großpfarrei. »Da sind doch nur tausend Seelen«, meinte der Bischof, und strich die Pfarrei aus dem Stellenplan. Der große Aufschwung von damals ist mittlerweile verschwunden, aber das Selbstbewusstsein der Gemeindemitglieder ist geblieben.

Nach einigen Jahren ging es für mich wieder in ein Bildungshaus, zu dem wiederum eine kleine Pfarrei gehörte. Ich wurde Geistlicher Rektor einer katholischen Akademie, Leiter des Exerzitienhauses, das direkt nebenan lag, und Pfarrer der Kirche zwischen beiden Häusern. Eine interessante Aufgabe. Aber auch ein vermintes Feld, denn der Kuchen der verschiedenen Disziplinen war unter den zahlreichen Referenten bereits hervorragend aufgeteilt. Was sollte ich tun, was blieb mir übrig? Einen Theologen gab es schon, bei ihm habe ich viel gelernt. Also habe ich mich auf pastorale und geistliche Begleitung spezialisiert – und auf die Musik, die mir überall die Türen geöffnet hat. Damals habe ich angefangen, Texte zu schreiben und zu veröffentlichen, sowie im Hörfunk und im Fernsehen zu sprechen. Hier habe ich viel konstruktive Kritik geerntet, die mich wirklich weitergebracht hat, aber auch viel Zuspruch erhalten und dadurch an Selbstbewusstsein gewonnen.

Ganz weltlich gesprochen

Ansprachen in Hörfunk und Fernsehen sind für mich eine besondere seelsorgliche Herausforderung. Ich sage das Wort Gottes nicht im geschützten innerkirchlichen Bereich, sondern setze es – und damit auch mich selbst – einer womöglich unbeteiligten, säkularen Öffentlichkeit aus. Dabei bin ich

gespannt zwischen den hier besonders wichtigen Anknüpfungs-
punkten im alltäglichen Leben und dem, was ich an christlicher
Botschaft sagen will. Sind die Alltagsgeschichten allzu dominie-
rend, fragen sich die praktizierenden Christen, »was das denn
noch mit Gott zu tun hat«; fehlen sie, rede ich an allen übrigen
Menschen, die dazu noch in der Mehrzahl sind, völlig vorbei.
Die sogenannte »Jesus-Kurve«, also die theologische Pointe, darf
nicht gekünstelt wirken, sondern muss sich aus dem Gesagten
wie von selbst ergeben.

Bei Morgenandachten und anderen Ansprachen im Hörfunk
kann ich beruhigt sein: Die Hörer haben meistens ihren Stamm-
sender eingestellt und sind für Glaubensinhalte noch recht offen;
sie wissen einfach, zu welcher Zeit die Kirche in »ihrem« Sender
das Wort hat. Beim *Wort zum Sonntag* in der *ARD* verhält es sich
anders: Es wird meistens nicht bewusst eingeschaltet, sondern
eher zufällig geschaut, wie im Vorbeigehen; entweder ist man
bei den Tagesthemen hängen geblieben oder man wartet auf den
nächsten Spielfilm – oder gar auf einen Boxkampf. Und dann
ist da plötzlich dieser Pfarrer, der den Fernsehabend unterbricht
oder sogar stört.

Die Themen der Ansprachen ergeben sich aus dem Zeit-
geschehen. Manchmal drängen sie sich geradezu auf – dann wird
das *Wort zum Sonntag* zu einem politischen Kommentar aus
christlicher Sicht. Ein anderes Mal konnte ich einfach erzählen,
was mir gerade passiert war – das eigene Erleben wurde zur Vor-
lage einer klassischen Verkündigungssendung. Was kann man in
drei Minuten und dreißig Sekunden sagen? Es muss erzählend
sein, damit man als Zuschauer an der Geschichte dranbleibt;
es muss persönlich sein, weil persönliche Glaubwürdigkeit das

Evangelium besser transportiert als theologische Richtigkeit oder gar kirchliches Dogma; es muss kurz und prägnant sein, darf keine theologischen Vokabeln oder gar Floskeln enthalten und kann nur einen einzigen Aspekt der christlichen Botschaft aufzeigen. Und das selbst auf die Gefahr hin, dass hier verkürzt oder vereinfacht wird. Eine missionarische Situation, in der ich erzählen und elementarisieren muss.

Für mich war das eine besondere Herausforderung, denn ich bin eher auf Vollständigkeit aus, habe von Natur aus keinen erzählerischen, sondern einen abstrakten und von der Sprache her lyrischen Stil. Mit dem Hörfunk habe ich mich immer leichter getan, obschon auch in diesen Ansprachen viel Inhalt in kürzester Zeit geboten wird. Weil ich ein zurückhaltender Mensch bin, wollte ich eigentlich nie im Fernsehen auftreten oder im Hörfunk sprechen. Wie schon oft, so bedurfte es auch hier anderer Menschen, die mir das zutrauten. Dadurch ist mein Selbstvertrauen gewachsen; ich habe gelernt zu erzählen – kurz und prägnant. Aus einem wortverliebten Lyriker wurde ein freier Redner. Dadurch hat sich auch mein Verkündigungsstil innerhalb der ganz normalen Gemeindeseelsorge stark verändert: Nur noch ein Thema – aber dafür pointiert; erzählen und einladen statt zu belehren, frei sprechen statt sich an Wörtern und Formulierungen festzuhalten, Zeugnis geben statt nur zu überzeugen.

Meine Zeit als Rektor, Pfarrer und Exerzitienleiter war wirklich erfüllend. Dennoch habe ich mich auf eine freie Pfarrstelle beworben, da hier an der Basis die ganze Bandbreite des Lebens zu begleiten ist, statt nur Angebote zu machen. Außerdem wurde ich von manchem innerkirchlichen Machtspiel zerrieben, besonders durch den Einfluss eines Dechanten, der im Vorstand der Akademie saß und mit eiserner Faust regierte. »Wenn sie mich schon nicht lieben, dann sollen sie mich wenigstens fürchten«, sagte er über seine Gemeinde. Kurz nach meinem Weggang wurde er vom Dienst suspendiert, da sein Umgang mit dem ihm anvertrauen Kirchenvermögen doch allzu selbstherrlich war. Der alte Klerikalismus eben.

Landpfarrer mit Kirchenpolitik

Nun ging es also für zehn Jahre in eine Landgemeinde mit siebzehntausend Mitgliedern. Ich war stolz auf diese Aufgabe. Eine Pfarrei, zu der drei Kirchen, eine Wallfahrtskapelle, ein Krankenhaus, ein Altenheim und ein Hospiz gehörten. Außerdem gab es sechs Kindergärten. Das Beste war das Seelsorgeteam, das zu Beginn noch aus fünf Priestern – ich war mit achtunddreißig Jahren einer der älteren! –, aus drei Pastoralreferenten, einer Pastoralassistentin und gegen Ende der zehn Jahre zusätzlich aus fünf Ständigen Diakonen bestand. Außerdem war meistens ein Praktikant oder Diakon aus dem Priesterseminar zur Ausbildung dort. Hier war fast alles möglich, und es gab auch tatsächlich viel zu tun: drei Vorabend- und fünf Sonntagsmessen, Beerdigungen, Trauungen und Ehejubiläen; Kontakt zu allen Schulen und karitativen Einrichtungen vor Ort. Und sehr viel persönliche Seelsorge. Als Pfarrer auf dem Land hat man eine gewichtige Stimme im öffentlichen Leben und von daher viel Einfluss in alle Lebensbereiche.

Im Team herrschte fast immer eine gute Atmosphäre. Man konnte neue Katechesekonzepte ausprobieren, karitative Einrichtungen gründen, zu Glaubensgesprächen und Exerzitien einladen, ein neues Pfarrzentrum mit allen pastoralen und sozialen Beratungsmöglichkeiten bauen. Für Gottesdienst und Predigt gab es eine hohe Aufmerksamkeit, und ab und zu waren die Kirchen tatsächlich proppenvoll. Im westlichen Münsterland kennt fast jeder fast jeden, man ist durch Vereine und Nachbarschaften vortrefflich vernetzt. Vor allem sorgt man sich um die Erziehung seiner Kinder, wozu ganz selbstverständlich auch die Kirche gehört, wenigstens noch an bestimmten Wendepunkten des Lebens. Besonders wichtig war mir das Leben im Pfarrhaus, es war ganz klassisch, mit Haushälterin und Mittagstisch sämtlicher Seelsorger, mit Gebetszeiten und Bibelgesprächen im Team. Einer der Pastoralreferenten sagte im Hinblick auf meinen Dienst, ich praktizierte eine hierarchiefreie Leitung. Das war das schönste Kompliment, das man mir damals machen konnte.

Im Jahr 2010 jedoch kamen viele Missbrauchsfälle ans Licht, ein Jahr später wurde aufgrund dessen das *Memorandum der Theologen* mit grundlegenden Reformvorschlägen für die Kirche veröffentlicht (Partizipation, überschaubare Gemeinden, Gewaltenteilung, Gewissensfreiheit, Barmherzigkeit, lebensnahe Liturgie). Erst zu diesem Zeitpunkt habe ich angefangen, auch kirchenpolitisch zu agieren, sei es in kirchlichen Gremien oder durch Vorträge, sei es durch meinen Internet-Blog *Der Landpfarrer*, den ich mittlerweile durch eine andere Blogadresse ersetzt habe: *Kreuzschnabel*. Meine Beiträge wurden tatsächlich wahrgenommen und offenbar auch von meinen Vorgesetzten oder deren Referenten sowie von selbsternannten Glaubenswächtern und Briefbeschwerern angeklickt. Jedenfalls musste ich seit dieser Zeit mehrfach zum Rapport, was nie so schlimm war, wie es sich vielleicht anhören mag, es blieb immer kollegial und wertschätzend. In den Gemeinden und Pastoralteams hatte sich zwar das allgemeine oder gemeinsame Priestertum durchgesetzt, man arbeitete Hand in Hand mit allen Getauften, ohne auf hierarchische Unterschiede zu achten. An der Spitze aber war die Kirche immer noch eine absolutistische Monarchie. So stellte sich mir mein Bischof, den ich ansonsten als einen sehr feinsinnigen und geistlichen Menschen schätze, als »bischöflicher Vater« (vgl. Mt 23,9) vor, der mich nun, nach meiner Solidaritätsbezeugung mit dem *Memorandum der Theologen*, auffordern müsse, meine Position öffentlich zurückzunehmen. In diesem ersten Gespräch bin ich noch eingeknickt, fühlte mich wie ein ungehorsamer Sohn. Wunschgemäß habe ich bei ihm eine Predigt eingereicht, in der ich die Gemeinde für den vielleicht etwas starken Tonfall um Verzeihung bat, inhaltlich jedoch nichts zurückgenommen habe. Er war damit zufrieden, vielleicht weil er ansonsten wusste, dass ich loyal bin, wenn auch kritisch.

Bei weiteren Rapportgesprächen mit anderen Vorgesetzten ging es übrigens niemals um Inhalte, sondern immer nur um Korpsgeist und Loyalität. Zwischen Person und Sache wurde nicht getrennt. Ich wurde nicht gefragt, worum es mir geht und was ich für Glaube und Kirche erreichen möchte, sondern warum ich so etwas mache. Es wurde gemutmaßt, ob ich vielleicht in einer Berufungskrise stecke. Einmal wurde ich einbestellt, hatte dann aber nur mit einem Weihbischof Pizza essen zu gehen, ohne dass es überhaupt um irgendeinen Inhalt ging – so konnte er später pflichtgemäß davon berichten, mit mir gesprochen zu haben. Ein anderes Mal war es nach kurzer autoritärer Drohgebärde ein nettes Pläuschchen über dies und das. Jedes Mal aber wurde lediglich der Termin, nicht jedoch das Thema benannt, eine kleine Machtdemonstration, die dazu führte, dass ich mich nicht vorbereiten konnte und deshalb von vornherein die schwächere Position einzunehmen hatte. Und das, obwohl die jeweiligen Gesprächspartner Kommilitonen, Kollegen und Mitbrüder waren. Als besonders signifikant für den innerkirchlichen Umgang mit der Meinungsvielfalt ist mir ein Telefonanruf am Samstagabend nach zehn in Erinnerung geblieben. Ich nahm das Gespräch an wie immer. Auf der anderen Seite keine Reaktion. Noch einmal nannte ich verwundert meinen Namen. Nach einer weiteren Pause hörte ich meinen Gesprächspartner, der, ohne sich vorzustellen, meinen Namen zur Frage machte, offenbar mit dem Ziel, mich zu verunsichern: »Stefan Jürgens?« – Pause – »Stefan Jürgens?« – Pause – »Bist du der Stefan Jürgens, den ich kenne?« So wird jede Meinungsäußerung gleich zum Illoyalitätsverdacht mit subtilem Wiederherstellungsversuch des klerikalen Korpsgeists. Was eigentlich dahintersteckt? »Hey, du bist doch einer von uns, warum machst du das?«

Seit diesen Ereignissen spüre ich mehr als deutlich: Es muss sich etwas ändern, die Kirche wird sonst sehenden Auges fromm vor die Wand gefahren. Und ich bin seitdem mutiger geworden, meine Meinung zu sagen, auch wenn sie nicht systemkonform ist. Auch mein Bischof ist mutiger geworden, wenigstens ein bisschen, und diskutiert schon sehr viel offener über alle Themen, einige seiner bischöflichen Mitbrüder kommen jetzt ebenfalls mit Reformvorschlägen. Die sogenannten »Reizthemen«, davon bin ich überzeugt, werden nicht nur von Kirchenreformbewegungen, sondern doch offenbar vom Heiligen Geist auf die Tagesordnung gesetzt. Er schweigt nicht, bis die Kirche endlich in der Realität ankommt und ihre heiligen Kühe schlachtet.

Reizthemen

Von unten
penetrant benannt –
von oben
abwinkend abgetan:
Themen,
jahrzehntelang vergeblich
auf der Kirche Tagesordnung:

> *Macht und Mitbestimmung,*
> *Zölibat und Frauenweihe,*
> *Gewissen und Sexualität.*

»Vom Heiligen Geist
auf die Agenda gesetzt!«,
sagt Kirche von unten.
»Oberflächlich und nicht hilfreich!«,
sagt Kirche von oben.
Was sagt eigentlich
die Mitte der Kirche?

> *Nennt niemand auf Erden euren Vater!*
> *Ihr alle seid Schwestern und Brüder!*
> *Euer Ja sei ein Ja, euer Nein ein Nein!*
> *Es ist nicht gut, dass der Mensch allein bleibt!*
> *Wer es fassen kann, der fasse es!*

Seltsam –
die da unten
sind der Mitte wohl näher
als die da oben.

Erkunden wir –
zwischen rechts und links,
zwischen oben und unten,
zwischen Spitze und Basis –
die Mitte, das Wort!

Mittlerweile sind alle diese Themen auf der Tagesordnung sämtlicher kirchlicher Gremien, und zwar durch die erschreckend hohen Zahlen von Tätern und Opfern, von Beschuldigten und Betroffenen, die durch die Missbrauchsstudie der deutschen Bischöfe (*MHG-Studie*) ans Licht gekommen sind. Viele unserer Führungskräfte lassen sich, so scheint mir, oftmals nicht vom Heiligen Geist antreiben, sondern sie werden von den Medien getrieben. Wenn etwas Belastendes ans Licht kommt, wird beteuert und diskutiert, vorher leider nicht. Oftmals ist das Ansehen der Kirche wichtiger gewesen als die Wahrheit, die Geschlossenheit wichtiger als die Glaubwürdigkeit, der Korpsgeist wichtiger als der Heilige Geist. Mir scheint, einige kirchliche Führungskräfte reagieren nicht aufgrund des Glaubenssinns des Volkes Gottes, von dem das Zweite Vatikanische Konzil spricht, sondern aufgrund einer Öffentlichkeit, die nun absolute Transparenz einfordert. Wer so agiert, kommt immer zu spät.

Über viele Jahre hinweg haben die meisten unserer Bischöfe nur ihr Fähnchen in den Wind des hierarchischen Mainstreams gehängt, statt mit den ihnen anvertrauten Gläubigen auf das Wehen des Heiligen Geistes zu achten. Selbst die wenigen Mutigen unter ihnen wirkten oft zaudernd und abwägend. Die meisten jedoch gaben sich pragmatisch-opportunistisch. Unter Papst Johannes Paul II. regierten sie wie er restriktiv-zentralistisch, unter Papst Benedikt XVI. kamen auch bei ihnen eine nicht selten vergeistigte, idealistisch-platonische und von daher ungeschichtliche Theologie sowie Brüsseler Spitze und liturgische Sperenzchen wieder in Mode, und mit Papst Franziskus I. wurden plötzlich auch fast alle Bischöfe sozial, ökologisch und zumindest verbal offen und reformfreudig. Mir scheint: Die allermeisten Exzellenzen sind mit exzellenter Anpassungsfähigkeit gesegnet, die Systemimmanenz der meisten Eminenzen ist immens. Ihre ultraschnelle Angleichung an ihren jeweiligen »Papa« Papst (selbstverständlich nur dann, wenn er ihnen in den Kram passt) macht auf mich einen beinahe kindlichen Eindruck. Sie gebärden sich nach unten als Überväter, weil sie sich von oben her als gehorsame Söhne sehen.

Eine weitere Enttäuschung hat mich gelehrt, selbst mutiger zu werden: der Skandal um den damaligen Limburger Bischof Franz-Peter Tebartz-van Elst. Ich kannte ihn schon vom Studium her, auch als Priester, Professor und Weihbischof. Wir haben sehr konstruktiv und wertschätzend zusammenarbeiten können. Deshalb dachte ich, ihn ganz gut zu kennen. Theologisch hatte er viel zu sagen, als Mensch war er zuvorkommend, gastfreundlich und äußerst stilvoll, als Leiter von Gottesdiensten richtig fromm. Und jetzt: ein Lügner, ein Verschwender? Ich war erschrocken. Wie tief kann einer fallen, der offensichtlich unbedingt nach oben wollte? Wohin kann das führen, wenn einer sich nicht mehr beraten lässt? Alles, was dieser Mann bisher gelernt und gearbeitet hat, schien mit einem Mal nichts mehr wert zu sein. Ein tragischer Absturz, gerade für einen Pastoraltheologen!

Erschreckt hat mich aber auch, wie schnell ein Bischof – ein Mensch! – zur Witzfigur werden kann. Wie verführbar wir doch alle sind! Einige haben eine schnelle Verurteilung durch den

Papst gefordert. Gott sei Dank, die Zeiten von Schnellurteilen und Standgerichten sind vorbei. Jeder hat ein Recht auf einen fairen Prozess. Auch ein Bischof, der ziemlich großen Mist gebaut hat. Während Papst Benedikt ihn im Grunde genommen erst in diese Situation gebracht hat, indem er die Marschroute vorgegeben und dazu ermuntert hatte, das Bistum Limburg wieder auf den rechten katholischen Pfad zu bringen, hat Papst Franziskus mitten in der Krise sehr gut reagiert und das Rücktrittsgesuch angenommen. Weise und klug wie ein guter Seelsorger, barmherzig und menschlich. Eine Zivilperson allerdings wäre da womöglich nicht so einfach und glatt herausgekommen. Das ist wie bei manchen Managern abgestürzter Unternehmen: Wer ganz oben ist, vermag seinen Kopf leichter aus der Schlinge zu ziehen, das Nachsehen haben immer andere.

Die Kritik am Limburger Bischofshaus ist meines Erachtens nur der äußere Anlass gewesen. Der eigentliche Grund lag tiefer. Die Gläubigen im Bistum Limburg wollten einen autoritären Bischof loswerden. Einen Bischof, der so anders war als der allseits beliebte und sehr glaubwürdige Franz Kamphaus. Auch die Christen im Bistum Limburg wussten mittlerweile: Kirche, das ist nicht der Bischof, Kirche, das sind wir! Sie akzeptierten deshalb keinen Absolutismus und keine Monarchie. Sie wollten Kommunikation auf Augenhöhe. Anders gesagt: Weil wir alle einen Vater im Himmel haben, brauchen wir keine Überväter mehr. Die Weihe überträgt eine Menge Verantwortung, aber leider keine Leitungskompetenz. Der Schaden, den Tebartz-van Elst angerichtet hat, ist noch heute riesengroß, allein durch die vielen Kirchenaustritte.

Wie sollte ich darauf reagieren? Wie konnte ich angesichts dieser Spannung Christ sein, Katholik sein? Wie wird mein eigener

Weg weitergehen? Der vormals gute Kontakt zu Tebartz-van Elst hatte auch in mir geheime Wünsche geweckt, über die ich heute ein wenig schmunzeln muss. Befand ich mich durch ihn damals etwa selbst bereits in einer Seilschaft? Hatte ich schon auf eine deutliche eigene Meinung verzichtet, zumindest ihm gegen-über, um auf der Karriereleiter nicht abzustürzen? Das waren meine Fragen. Damals habe ich gemerkt: Das Problem ist gar nicht ein einzelner Bischof, sondern ein System, das einen be-stimmten Klerikertyp in hohe Ämter bringt, ein System aus An-passung und Schleimerei. Dafür jedenfalls war der Bischof, der Tebartz-van Elst sehr gefördert hatte, durchaus anfällig, wenn er auch sonst ein allseits geschätzter und frommer Hirte war, er mochte einfach keinen Widerspruch. Das System, das bis vor kurzem wegen seiner Neigung zur Anpassung nur wenige wirk-lich mutige und kreative geweihte Häupter hervorgebracht hat, wird übrigens in der TV-Serie *Pfarrer Braun* mit Ottfried Fischer ganz gut karikiert, wenn um den eitlen und selbstbezogenen Bischof Sebastian Hemmelrath ein schleimiger Speichellecker namens Anselm Mühlich mit eindeutig-peinlichen Karriere-absichten herumscharwenzelt. Was im Fernsehen als Karikatur gedacht ist, entspricht ziemlich gut der kirchlichen Realität rund um den Kathedralklüngel einer Bistumsstadt, in der die Müh-lichs Schlange stehen und antichambrieren, was das Zeug hält. Durch die monarchische Verfassung des Bischofsamtes sammeln sich um die Bischöfe, ähnlich wie im Mittelalter um die Kö-nige, nicht nur gute Berater, sondern vor allem Höflinge mit eigenen Karriereabsichten, die sich von ihrer Linientreue und Hartherzigkeit spätere Vorteile erhoffen.

In einem solchen System wollte ich auf keinen Fall mitmachen, denn solche Seilschaften nehmen einem jede innere Freiheit und verderben den Charakter. Und am Ende geht es nur noch um Macht, um Eitelkeit und guten Wein. Wir brauchen deshalb mehr Mitbestimmung auch bei hohen Kirchenämtern, damit die Christen eines Bistums ihre Bischöfe wählen können. Und notfalls auch wieder loswerden, wenn diese ihrem Amt nicht gewachsen sind. Ich selbst habe mich damals noch einmal neu dafür entschieden, immer ehrlich zu sagen, was ich denke, selbst wenn ich dadurch auf der roten Liste stehen sollte. Diese Außenposition bringt nicht nur innere Freiheit, sondern auch eine immense Zeitersparnis mit sich, denn wer gar nicht erst zum Establishment gehört, muss auch nicht auf den Empfängen überflüssiger Gremien herumstehen, wird nicht so leicht betriebsblind und bewahrt einen klaren Blick auf das Ganze.

In der Landpfarrei war nicht alles gelungen. Als Pfarrer wollte ich integrieren, nicht spalten. Ich wundere mich selbst, dass ich manche Traditionalisten gut in das Ganze einbinden konnte, obwohl sie mir misstrauten. Ich war für sie ein Linksliberaler, für den sie mitleidig beteten. »Der Pfarrer macht die Frommen wild«, heiß es damals in der Gemeinde. Mit manchen Mitarbeitern wäre ich heute gütiger, weil ich erkannt habe, dass wir in der Kirche eben nicht nur starke Menschen beschäftigen, sondern vor allem jene, die nach der Barmherzigkeit gesucht haben, von der wir immer reden. Ein Kollege jedoch war buchstäblich stinkfaul und von daher schwer vermittelbar – in jeder Hinsicht. Er war ungepflegt, machte nicht einmal Dienst nach Vorschrift, dazu war er noch autoritär und frauenfeindlich. So etwas kann sich nur ein Priester erlauben, in der freien Wirtschaft wäre so jemand fristlos entlassen worden. Die Gemeinde jedoch hat das alles zumeist stillschweigend ertragen. Das ist Klerikalismus von unten: Personen werden geschützt, weil sie ein Amt haben, auch wenn sie komisch oder faul sind. Ich würde in solchen Fällen einfach das Gehalt kürzen (vgl. 2 Thess 3,10). Wenn dann doch einmal eine Beschwerde in Richtung Bistumsleitung ging, so wurde gesagt, man könne bei Priestern nichts machen, sie seien eben geweiht, also »ontologisch verändert«. So schützt die Weihe vor jeder Kritik. Im Hintergrund steht meines Erachtens ein Missverständnis aus der Theologiegeschichte. Das sogenannte »untilgbare Prägemal« (*character indelebilis*), so meinte man, würde bei Taufe und Firmung sowie durch die Weihe in die Seele eingeprägt. Das war selbstverständlich nur als Bild gedacht, als Metapher für die zuvorkommende und unverbrüchliche Gnade Gottes. Wenn man die Metapher aber wörtlich nimmt, dann hat man einen Menschen in der Weihe eben nicht nur in Dienst gestellt, sondern »ontologisch verändert«. Dieser Quatsch öffnet jeder Art von Amtsmissbrauch Tür und Tor, es ist theologisch verbrämter Klerikalismus von oben – und von unten.

Stadtpfarrer im postmodernen Umfeld

Nach den zehn Jahren als Landpfarrer ging es für mich in die Stadt. Nun lebe ich in einer Pfarrei, in der es keine Volkskirche mehr gibt. Zwei von drei Kirchen wurden nach der Fusion der dazugehörenden Pfarreien geschlossen und umgewidmet. Jetzt gibt es für zehntausend Gemeindemitglieder noch eine Kirche mit einem Gottesdienst an jedem Tag. Das ist auch völlig ausreichend. Am Sonntag kommt niemand mehr, nur um seine Sonntagspflicht zu erfüllen; alle, die da sind, sind da, weil sie es wirklich wollen. Die Atmosphäre ist fantastisch: Eine Gemeinde, die zuhören kann und schweigen, beten und singen.

Keiner hustet einem die Predigt kaputt. Und nach dem Gottesdienst bleibt man in der Kirche und trifft sich in kleinen Gesprächsgruppen, mit oder ohne Kaffee. Die Sonntagsgemeinde ist relativ klein, die Servicegemeinde dafür noch sehr groß. Ich lebe faktisch in zwei Gemeinden, ich glaube mit der einen und für die andere. Es gibt wenig Seelsorgepersonal, das Pastoralteam scheint mir manchmal etwas müde zu sein, das Pfarrhaus ist organisatorisch aufgestellt wie eine Behörde. Aber das ist wohl typisch für eine Stadt wie Münster. Typisch sind Akademiker, die sich selbst sehr wichtig nehmen, und die langen und komplizierten Entscheidungswege, in denen es nicht immer um die Sache Jesu oder die Gemeinde geht, sondern häufig nur um das eigene Rechtbehalten. Typisch ist der postmoderne Individualismus, verbunden mit hohen Erwartungen an andere bei geringer Bereitschaft zu eigener Verbindlichkeit. Man gibt sich nach außen konservativ, beansprucht aber für sich selbst alle Freiheiten. Viele, die ein Ehrenamt mit hoher Reputation innehaben, kommen sonntags nie oder nur ganz selten. Das ist postmoderne Bürgerlichkeit: Man »bekleidet« ein Amt, weil es gut aussieht, aber man steckt selber gar nicht »drin«, es bleibt rein äußerlich und wird nicht zur gelebten Überzeugung. In meiner Münsteraner Stadtgemeinde gibt es faktisch weniger Engagierte als in der kleinen Hobbygemeinde während meiner Zeit als Jugendseelsorger, die zehnmal kleiner war und später aufgrund des Priestermangels Teil einer großen fusionierten Pfarrei wurde. Der Unterschied ist nur, dass sich die wenigen Engagierten in der Stadt viel wichtiger nehmen als diejenigen auf dem Land und nach meiner Erfahrung weitaus mehr Anerkennung und Aufmerksamkeit von Seiten des Pfarrers einfordern. Während ich diese Zeilen schreibe, ergibt sich bereits die Möglichkeit einer Veränderung.

Als junger Kaplan wollte ich vor allem eine lebendige Gemeinde, ich habe mir Aktionen ausgedacht und war sehr kreativ. Mittlerweile sind mir Kontinuität wichtiger, Gelassenheit, inneres Zuhausesein, die Bibel und das kontemplative Gebet.

Mystik und Dogma

Wer die Welt nur teilt
in schwarz und weiß,
gut und böse,
konservativ und progressiv,
religiös und agnostisch,
westlich und östlich,
evangelisch und katholisch –
und wie auch immer:

Wer die Welt nur einteilt,
will am Ende doch nur Recht behalten.
Dann gibt es Sieger und Besiegte,
Eingesperrte und Ausgegrenzte,
Jasager und Versager,
Gewinner und Verlierer.

Wer die Welt nur einteilt,
will selbst das Recht und das Sagen haben.
Indem er sich absetzt, setzt er sich absolut;
er macht sich groß und andere klein.
Dogmen sind nur Sprechversuche, Denkangebote,
doch sie werden meistens missbraucht
als Zugehörigkeitskriterien herrschender Gruppen:
»Du gehörst dazu, du nicht;

wir sind die Guten, ihr seid die Schlechten;
wir haben die Wahrheit, ihr habt keinen Sinn.«
Da geht es um Herrschaft, nicht um Identität.

Der Weg Jesu ist anders.
Wer mit ihm lebt, erfährt Einheit:
Das ist Mystik – pure Präsenz –
eins werden statt abgrenzen.
Wer mit den Augen Jesu sieht,
braucht nicht mehr Recht zu behalten,
hat nichts zu verlieren und muss nicht siegen,
weil er schon alles gewonnen hat.
Er teilt weder ein noch aus.
Es wird nicht gekämpft und nicht gemessen.
Was wahr ist, erweist sich im Leben.
Wer mystisch lebt, beginnt zu lieben.

Diesen ersten biografischen Teil möchte ich nicht beenden, ohne das Thema Lebensform und Freundschaften angesprochen zu haben. Ich war immer schon ein Gegner des Pflichtzölibats, habe – wie die meisten meiner Kollegen – die Ehelosigkeit nur in Kauf genommen, um Priester werden zu können. Wer die Ehelosigkeit bewusst als Charisma wählt, geht ja doch meistens ins Kloster, und dort gehört dieser Rat des Evangeliums ja auch hin. Der Zölibat wurde während meiner Ausbildung idealisiert und spiritualisiert, von meinen priesterlichen Ausbildern haben vier, von meinem Weihekurs haben sechs ihr Amt aufgegeben und geheiratet oder sind eine gleichgeschlechtliche Partnerschaft eingegangen. Ich selbst war niemals ohne Freunde, wobei ich schnell verstanden habe, zwischen vielen Bekannten und wirklichen Freunden zu unterscheiden. Zu einem Priester wünschen viele einen engeren Kontakt, es ist kaum zu bewältigen, ja, es gibt ein Übermaß an Kommunikation, in dem man sich schnell verlieren kann, wenn man einsam oder anerkennungssüchtig ist oder einfach nicht Nein sagen kann; hinterher steht man dann ganz allein da. Deshalb unterscheide ich dienstliche und halbdienstliche Kontakte von wirklichen Freundschaften. Privat hatte ich immer nur wenige, aber gute Freundinnen und Freunde.

Ich lebe also nicht gern im Zölibat, ja, ich habe lange und immer wieder darum gerungen, aber ich kann ganz gut damit umgehen, mich damit arrangieren, mich manchmal sogar an der Unabhängigkeit freuen, die damit verbunden ist. Besonders wichtig aber ist mir die enge und sehr vertrauensvolle Freundschaft zu einer Frau; es ist eine platonische Beziehung, in der alles angesprochen werden kann, was das Leben mit sich bringt. Gott sei Dank ist sie gläubig – wir können miteinander sprechen und schweigen, arbeiten und beten. Ich bin darüber sehr froh, denn so habe ich jemanden als Korrektiv, der mir die Wahrheit in Liebe sagen mag und mich davor bewahrt, in meinem geistlichen Beruf zu vergeistigen. Außerdem werde ich so aller Voraussicht nach auch im Alter nicht ganz allein dastehen, meine Freundin auch nicht. Die meisten meiner priesterlichen Kollegen haben sich im Laufe ihres Lebens beziehungsmäßig irgendwie arrangiert, sie sind dabei bodenständig und menschennah geblieben. Ich kenne aber ebenso viele, die einsam, und einige, die einer Sucht anheimgefallen sind. Es gibt unter Priestern viel verletztes Leben. In manchen Fällen ließen die Diözesen es hier an Mitgefühl und Personalverantwortung fehlen. Der Priester steht immer noch so sehr auf dem Sockel einer archaisch-magischen Unberührbarkeit, dass einfach nicht sein kann, was nicht sein darf. Nach 2010 habe ich mehre Opfer von sexueller Gewalt durch Priester kennengelernt, die mir ihre Geschichte anvertraut haben. Mein Vertrauen in die Kirche als Institution und meine persönliche Sicht auf das geistliche Amt sind dadurch völlig erschüttert, wenn nicht gar komplett zerstört worden. Ohne den Zölibat hätten wir weniger verletzte Biografien von Priestern und Bischöfen und deren Beziehungspartnern und auch weniger unreife Persönlichkeiten in diesen Ämtern.

So geht es aufwärts mit der Kirche (2)

- Gemeindeentwicklung braucht Freiheit, katholische Einheit gibt es nur in der Vielfalt; deshalb muss die Kirche mehr Pluralität und Meinungsvielfalt zulassen.
- Der berechtigte sozialpädagogische Ansatz in der Jugendarbeit bedarf der Ergänzung durch das christliche Profil, dazu braucht die Kirche Glaubenszeugen mit Eindeutigkeit und missionarischem Bewusstsein.
- Seelsorge lebt von Nähe und Beziehung, deshalb dürfen Gemeinden nicht kaputtfusioniert werden. Überschaubarkeit motiviert engagierte Getaufte, sie wollen nicht nur Lückenbüßer für fehlende Hauptamtliche sein. Mit haupt- und nebenamtlichen Priesterinnen und Priestern, Diakoninnen und Diakonen kämen wir weiter, doch bis dahin ist es noch ein langer Weg, den wir aber endlich einschlagen müssen. Oder wird der »Synodale Weg« nur ein Sedativum sein?

Wofür sich aller Einsatz lohnt

Christsein in säkularer Gesellschaft

Der christliche Glaube galt lange als selbstverständlich. Er wurde fraglos hingenommen, fraglos angenommen und fraglos weitergegeben. Glaubensverkündigung lief fast wie von selbst, durch alle Generationen hindurch. Volkskirche nennt man das, und man sollte es wertschätzen. Denn kaum eine andere Sozialform der Kirche war so erfolgreich, hatte eine derartige Breitenwirkung. Gesellschaft und Kirche waren allerdings fast dasselbe, und man konnte zwischen braven Bürgern und frommen Christen kaum unterscheiden. Und deshalb bestand auch kaum ein Unterschied zwischen Liturgie und Folklore, zwischen Katechese und Erziehung. Wenn Kultur und Religion fast deckungsgleich sind, hat es die Religion leicht. Wenn sich die Kultur von der Religion entfernt, muss der Glaube zeigen, was in ihm steckt. Die Zeit der Volkskirche ist längst zu Ende gegangen, aber sie macht kirchlichen Insidern immer noch sehr zu schaffen, weil die pastoralen Alternativen zur Evangelisierung und Mission außerhalb der Kindertaufe fehlen. Die Volkskirche kann mit dem greisen Simeon sagen: »Nun lässt du, Herr, deinen Knecht, in Frieden scheiden, denn meine Augen haben das Heil gesehen« (Lk 2,29); diese Sozialform von Kirche hat also ihre Zeit gehabt. Andererseits kommt man um eine gewisse bittere Selbstkritik nicht herum: Gerade in der Zeit, in der die Kirchen in Deutschland noch voll waren, konnten zwei Weltkriege sowie die Ermordung von sechs Millionen Juden nicht verhindert werden, auch nicht von Christen, die hier oft Täter und Mitläufer waren und denen die Kraft zum Widerstand fehlte. Offenbar hat die Volkskirche nur Religion hervorgebracht, keinen Glauben; nur Mitmachen im Verein, keine Nachfolge; nur das Zuhausesein in Traditionen, nicht im Evangelium. Wenn man nur durch die Taufe Christ wird und der einzige religiöse Ausdruck das Mitmachen von Ritualen ist, wird das Christentum zu einem »getauften Heidentum« (Sören Kierkegaard). Tatsächlich ist die Frage, ob Kirchenmitglieder automatisch auch Christen sind, nur juristisch leicht zu beantworten. Die eigentliche Religion der meisten Menschen ist heute in vielen Ländern der Nationalismus, also letztlich die Anbetung der eigenen Gene oder Herkunft. Wo man zwischen Kultur und Religion nicht unterscheiden kann, wird Gott zum nationalen Identitätsmerkmal, und der Glaube an ihn verliert die Kraft zur Unterscheidung der Geister.

Glaube und Kirche werden in Zukunft immer weiter an den Rand gedrängt werden. Wir steuern auf eine völlig säkulare Gesellschaft zu, auf eine Welt ohne Gott. Soziale und psychologische Aufgaben, die über Jahrhunderte in kirchlicher Hand waren, gehören nun zu den Aufgaben staatlicher und privater Institutionen. Für die Kirche bleibt eine Religion, die mit Ausnahme der auch gesellschaftlich gewollten Kontingenzbewältigung faktisch funktionslos geworden ist. Die postmoderne Tendenz zur völligen Individualisierung gibt dem kirchlich verfassten Glauben buchstäblich den letzten Rest.

Die Gemeinde selbst wurde in den Siebziger- und Achtzigerjahren als Pfarrfamilie gesehen, als familienhafte Gemeindekirche. Das hat dazu geführt, andere Lebensformen als die der Familie aus dem Blick zu verlieren. Außerdem galt der Pfarrer als Vaterfigur, es ging also weiterhin patriarchal und monarchisch zu. Um ihn herum formierte sich eine Kerngemeinde aus Gottesdienstbesuchern und Vereinsmitgliedern; wer darin kein besonderes Ehrenamt hatte, galt schon als faktisch exkommuniziert.

Dennoch gebe ich die Hoffnung nicht auf. Die Kirche ist nicht mehr am Steuerruder der Gesellschaft, aber sie kann ein Teil dieser Gesellschaft sein. Ihre Relevanz ist nicht mehr auf Macht und Einfluss gegründet, sondern auf Beteiligung. Es ist ein partizipativer Einfluss, mit dem es mir viel besser geht, als wenn die Kirche weiterhin ihr soziales Machtmonopol ausspielen könnte. In der ländlichen Pfarrei im Münsterland habe ich es so erlebt: Fast alle sozialen Einrichtungen waren in kirchlicher Hand. Dieses Monopol sorgte dafür, dass der Glaube selbst darin nur auf kleiner Flamme gekocht wurde, man kürzte alles herunter bis zum kleinsten gemeinsamen Nenner, nur um niemandem wehzutun, keinem Anders- und keinem Nichtgläubigen. Erst wenn sich für soziale Einrichtungen auch andere Träger finden, kann man sich profilieren.

Ein gutes Beispiel dafür ist die Arbeit mit den Geflüchteten. Die Kirchengemeinden allein konnten diese Arbeit nicht mehr leisten. Die Flüchtlingsinitiativen setzen sich aus vielen Menschen guten Willens zusammen. Hier sitzen Christen mit am Tisch, aber ihr Engagement ist nicht mehr institutionsbestimmt. Sie setzen sich ein, nicht weil sie zu einer Kirchengemeinde gehören oder im Besitz der dazu nötigen Immobilien sind. Vielmehr setzen sie sich ein, weil sie Christen sind. Ihr Glaubenszeugnis kommt jetzt aus dem Herzen, nicht mehr allein aus der Monopolstellung ihrer Kirchengemeinde vor Ort.

In meiner Münsteraner Stadtgemeinde gibt es nach wie vor eine starke Kerngemeinde. Nicht alle sind jeden Sonntag im Gottesdienst, aber viele verbindet eine hohe Identifikation mit der Gemeinde. Man ist sich auch persönlich nahe, nimmt Anteil an den Höhen und Tiefen des Lebens, spricht auch außerhalb der Kirchenmauern vom Glauben. Manche haben sich in kleinen Gemeinschaften organisiert, mit unterschiedlicher Verbindlichkeit; sie lesen gemeinsam die Bibel oder eine Enzyklika von Papst Franziskus und entwickeln daraus Ideen für ihr christliches Engagement. Einmal in der Woche treffen sich diejenigen, die gerade Zeit haben, lesen gemeinsam das Evangelium des kommenden Sonntags und bereiten damit die Predigt vor: Diese soll nicht nur das Fantasieprodukt des Predigers und damit ein Konsumartikel der Zuhörenden sein, sondern – ähnlich wie schon die Fürbitten – mitten aus der Gemeinde kommen. Das Gottesdienstprogramm ist so zusammengestrichen worden, dass es tatsächlich nur noch eine Sonntagseucharistie gibt. Wer hier singt und betet, bleibt nach der Messe noch eine Weile, um die Einheit des Geistes im Gespräch zu vertiefen. Die Kerngemeinde sorgt durch eine haupt- und ehrenamtlich gut aufgestellte Caritas dafür, dass man nicht nur unter sich bleibt, sondern eine gewisse Außenwirkung behält. Die Gemeinde-Caritas zeichnet sich gerade dadurch aus, dass sie auch nach Dienstschluss behördlich organisierter Hilfen erreichbar ist: Sozialberatung, Tafel, Netz kleiner Hilfen, finanzielle Unterstützung, selbstverständlich nicht nur für Christen, sondern für alle Menschen. Durch das gemeinsame Thema Schöpfungstheologie sind die Christen hier auf dem Weg zu einer ökofairen und nachhaltigen Gemeinde: Wir durchbrechen die Anthropozentrik der klassischen Theologie und beginnen, uns als Mitgeschöpfe alles Lebendigen zu verstehen. Gott hat die ganze Welt geschaffen, er ist in allem; Christus ist der Erlöser der Welt, nicht nur der Menschen; Kirche ist nicht nur für die Menschen da, sondern hat eine universale Sendung für das Leben.

Die Feier der Eucharistie ist für diese Gemeinde nach wie vor Quelle und Gipfel ihres geistlichen Lebens (*Sacrosanctum Concilium 10*). Sie schöpft daraus Kraft für die »Eucharistie in der Welt«. Was meine ich damit? Viele Erstkommunionkinder und Messdiener lernen den sogenannten »Messablauf«. Sie sollen die Reihenfolge und den Sinn der Gebete und Rituale begreifen und so in die Liturgie hineinwachsen. »Messablauf« – dieses Wort kommt mir immer sehr technisch vor. So als bestünde unsere Liturgie vor allem aus aneinandergereihten Riten. Am Ende wissen die Kinder dann, was wann kommt, aber sie haben den Inhalt nicht verstanden. Zu einem bloß rituellen Ablauf wird man niemals so etwas wie Begeisterung oder gar Liebe empfinden können. In einem bloß rituellen Ablauf kann man nur funktionieren, aber nicht leben.

Mir ist es deshalb wichtig, dass Kinder und Erwachsene den Inhalt der Eucharistiefeier immer besser verstehen und mitvollziehen können. Dazu biete ich ihnen ein einziges Wort an. Das Wort »Hingabe«. Die heilige Messe ist die Feier der Lebenshingabe Jesu Christi. Im Abendmahlssaal deutet Jesus sein Sterben am Kreuz in den Zeichen von Brot und Wein. So wie man Brot bricht, zerbricht man ihn. So wie man Wein vergießt, fließt sein Blut. Leib und Blut, das bedeutet: Jesus schenkt sich uns ganz und gar, mit Leib und Leben.

Dafür sind die Gaben, die Jesus aus dem jüdischen Paschamahl kannte, schon von sich aus besonders gut geeignet: Aus Körnern wird Mehl, daraus Teig, daraus Brot. Der Prozess ist nicht umkehrbar. Man muss das eine hergeben, um das andere zu erhalten. Ebenso ist es beim Wein: Aus Trauben wird Saft, daraus Wein. Auch dieser Prozess ist nicht umkehrbar. So sind Brot und Wein schon in sich Zeichen von Verwandlung durch Hingabe. Gottes Geist verwandelt Brot und Wein in Leib und Blut Jesu Christi. In sein Leben für uns. Es ist hingegebenes Leben, das wir empfangen.

Und dieser Prozess geht weiter: Verwandlung durch Hingabe. Wer Eucharistie feiert, wird hineingenommen in das Leidensgeheimnis Jesu. Auch er soll verwandelt werden. Das gewandelte Brot und der Wein verwandeln unser Herz. Und der verwandelte Mensch gestaltet die Welt, indem er wie Jesus sein Leben hingibt. Nicht am Kreuz, Gott sei Dank. Wohl aber durch das Verschenken von Zeit und Kraft, durch Liebe in Wort und Tat. Und manchmal auch im Leiden und Kreuztragen. Gott, der Vater, schenkt uns Jesus, damit wir uns wie er an die Welt verschenken. Er liebt uns vor aller Leistung und nach aller Schuld, damit wir einander ebenso annehmen und lieben.

So geschieht Eucharistie nicht nur im Abendmahlssaal und am Kreuz, nicht nur auf dem Altar, sondern mitten im Leben. Wer Anteil hat an der Eucharistie, kann die Lebenshingabe Jesu Christi weiterführen, konkret werden lassen im Alltag. So nährt die Eucharistie nicht nur das eigene geistliche Leben, sondern die Welt. Verwandlung durch Hingabe: Darin ist für mich alles enthalten, was man über die heilige Messe wissen muss und glauben darf. Und das ist viel wichtiger als rituelle Kenntnisse über den »Messablauf«. Wer einmal begriffen hat, wie erfüllend es ist, sich zu engagieren für andere, wen einmal die Freude an Gott gepackt hat, der hat das Leben gefunden. Schon in dieser

Welt. Und erst recht in der kommenden. Was wir in der Eucharistie feiern, kommt dort zur Vollendung: Verwandlung durch Hingabe.

Katechese ohne Erfolgsdruck

Nun bin ich schon mitten in der Katechese, dem nächsten Erfahrungsfeld, das mir Mut macht. Manche meiner Kollegen sprechen, wie erwähnt, zynisch vom fortlaufenden Erfolg. Sie stellen fest, dass von den Erstkommunionkindern und Firmlingen sowie deren Familien kaum jemand wirklich in die Gemeinde hineinfindet. Vielmehr scheinen Erstkommunion und Firmung ein Kirchen-Rudiment zu sein, das zum Familien-Event geworden ist. Mit dem Fest ist auch die zeitweilige Kirchenbindung abgefrühstückt. Ich sehe das anders. Denn ich sehe in den Augen und höre aus den Fragen der Kinder und ihrer Eltern eine große Sehnsucht nach Leben. Diese Sehnsucht ist kaum in unsere althergebrachten Kirchenbegriffe zu fassen, aber sie ist da. Während der Katechese mache ich nun ein Sinnangebot; ich moralisiere nicht, fordere nichts, lade nur ein. Möglichst authentisch versuche ich, meinen Glauben anzubieten. Ich spreche persönlich von dem, was mir wichtig geworden ist. Das klappt natürlich nicht immer, aber immer wieder. Wenn wir Menschen von vorneherein als Fortlaufende betrachten, werden sie genau das tun. Wir müssen die Sehnsucht erkennen, aufgreifen und etwas anzubieten haben. Ohne ein Erfolgsdenken.

In der Erstkommunionkatechese erklären wir an drei Nachmittagen in unserer Pfarrkirche am Taufbrunnen die Taufe, am Ambo das Wort Gottes, am Altar die Eucharistie. Alles selbstverständlich stark elementarisiert. Darauf folgt eine feierliche Tauferinnerung mit allen Kindern, Eltern und Paten. Die engere Vorbereitung auf die Erstkommunion besteht aus einem freiwilligen Familienwochenende, der wenigstens zeitweiligen Teilnahme am Gemeindeleben sowie aus vier ebenfalls freiwilligen Sonntagskatechesen, die sich an die Eucharistiefeier anschließen. Darin reflektieren wir, was wir kurz zuvor gemeinsam erlebt und gefeiert haben. Wenige Tage vor der Erstkommunion selbst gibt es eine geistliche Einstimmung in der Kirche, einige Wochen danach einen Dankgottesdienst. In die Beichte führen wir ein, indem wir ein Jahr nach der Erstkommunion zu einem Bußgottesdienst mit persönlicher Lossprechung einladen. Das alles geschieht ohne ehrenamtliche Katecheten, denn diese gibt es kaum noch; und wenn, dann ist das inhaltliche Programm leider wenig authentisch, da ansonsten die Praxis fehlt, und wenig kompetent, da es an religiöser Bildung mangelt. Die Zeit der Katechetinnen und Katecheten, die eine kleine Gruppe von Kindern auf die Sakramente vorbereiten können, ist vorbei. Die von uns gelebte Art der Erstkommunionkatechese ist dagegen wenig aufwendig, erlaubt aber eine kurze Zeit des intensiven Glaubenszeugnisses. Das ist nicht viel, aber mehr als nichts. Zumindest haben wir keinen Druck gemacht, zu nichts gezwungen, nicht moralisiert. Wenn auch nur Erinnerungen bleiben, dann wenigstens keine schlechten.

In der Firmkatechese wird stark auf soziale Projekte gesetzt, aber auch die Inhalte des Glaubens kommen nicht zu kurz. Die Firmung wird theologisch vorrangig an die Taufe gebunden und nicht ausschließlich als Sakrament des Erwachsenwerdens pädagogisch missverstanden. Manche sprechen zynisch von der feierlichen Kirchenentlassung, wenn sie an die Firmung denken. Ich sehe die Chance, mit den Jugendlichen hier und jetzt in Kontakt zu kommen, wenigstens kurz. Das ist mehr als nichts. Wichtig ist nicht, dass unsere Pfarrei sie alle hat, sondern dass sie alle in Gott sind.

Besonders wichtig ist mir die Erwachsenenkatechese. Die meisten Christen sind nämlich im Glauben nicht erwachsen geworden. Sie haben zwar ihren Kinderglauben infrage gestellt, sind dann aber oftmals in einer Art spiritueller Pubertät, die sich an Autoritäten abarbeitet, stecken geblieben. Sie haben sich niemals kritisch mit der Bibel oder der Glaubenslehre der Kirche beschäftigt. Das versuche ich durch monatliche Glaubensabende, die einen großen Zuspruch erfahren, nachzuholen. Es erstaunt mich jedes Mal, wie viel Halb- oder Nichtwissen, ja wie viel Magie in manchen Köpfen herumspukt. Die meisten kennen ihren eigenen Glauben nur im Klischee. Dass hier Aufklärung nottut, merke ich an so manchem Aha-Erlebnis, das ich an diesen Abenden miterleben darf. Erwachsenenkatechese findet aber auch an anderen Stellen statt: bei der Wiederaufnahme vormals ausgetretener Kirchenmitglieder, bei der Vorbereitung Erwachsener auf die Taufe, bei manchem seelsorglichen Gespräch und in meiner wöchentlichen Pfarrersprechstunde, die sehr gut angenommen wird. Wenn die Pfarreien oder pastoralen Räume immer größer werden, kann man als Pfarrer nicht mehr überall sein. Die Nähe zu allen Menschen wäre ja auch ein pastorales Paradigma, das eher an klerikale Versorgung und Paternalismus erinnert als an das geschwisterliche Handeln des ganzen Volkes Gottes mitten in der Welt. Wenn man also nicht mehr in der Fläche präsent sein kann, dann sollte man aber doch irgendwo und irgendwann verbindlich erreichbar sein. Ich bin erreichbar und viele machen von diesem Angebot Gebrauch.

Anknüpfungspunkte im Leben

Schließlich ist da noch das weite Feld der sogenannten *Kasualienpastoral*: Taufe, Trauung, Beerdigung, also die seelsorgliche Begleitung der wichtigen Lebenswenden Geburt, Heirat und Tod. An diesen Stellen wird das Handeln der Kirche noch viele Jahrzehnte lang wichtig bleiben und erwünscht sein. Man darf sich nur nicht allzu große Hoffnungen machen. Denn wollte man beispielsweise eine Trauergemeinde für die Kirche gewinnen, wäre der Frust vorprogrammiert. Würde man einem Brautpaar vorwerfen, sie nutzten die Kirche ja nur als Eventagentur und bürgerliches Sahnehäubchen, hätte man die Chance einer ehrlichen Begegnung vertan. Machte man einer Tauffamilie liturgische Vorschriften, die sie gar nicht verstehen können, verkäme man selbst zum Oberlehrer eines ahnungslosen Gegenübers. Wir wissen und akzeptieren das und lassen viel Gestaltungsraum, manchmal bis an die Grenze des theologisch Erträglichen. Wenn diese womöglich einmalige Begegnung gut wird, haben die Menschen wenigstens eine gute Erfahrung gemacht mit der Kirche als Gemeinschaft.

Ganz ehrlich und auch selbstkritisch: Geburt, Heirat und Tod wurden schon weit vor der Entstehung des Christentums, ja, sogar der ersten Hochkulturen rituell begangen, man bräuchte also für eine Pastoral der Lebenswenden eigentlich keinen Jesus und keine Kirche. Vielleicht. Aber die religiöse Sehnsucht aufzugreifen, die in allen ihren Anliegen verborgen liegt, ist eine hochprofessionelle Aufgabe und Verkündigung im eigentlichen Sinn. Deshalb bereite ich Taufen, Trauungen und Beerdigungen besonders sorgfältig vor. Es gibt jeweils mehrere Vorbereitungstreffen. Während der Feier bemühe ich mich um

Präsenz, nach der Feier nehme ich, wenn möglich, nochmals Kontakt auf.

Man sollte diese Servicepastoral nicht schlechtreden. Es mag viele Argumente geben, die Spannung, die zwischen Ausverkauf und Rigorismus liegt, in Richtung einer größeren Strenge und Ernsthaftigkeit zu korrigieren. »Was nichts kostet, ist nichts wert«, mag man einwenden. Ich sehe das anders: Was wir sowieso tun müssen, darf als Erstkontakt zur Gemeinschaft der Christen gesehen werden und niedrigschwellig sein wie bei der sogenannten »Ritendiakonie«. Eine wirkliche Vertiefung des Glaubens im Sinne einer Evangelisation kann erst dann geschehen, wenn dieser Erstkontakt gelungen ist. Gott ist größer als die Kirche, größer als die Sakramente – und ist zugleich in beiden erfahrbar. Doch dazu kann ich nur einladen, nicht mehr und nicht weniger. Ich kann Anlässe aufgreifen und Anlässe schaffen, um das Interesse Gottes an den Menschen darzustellen und erfahrbar zu machen.

Gebet für meine Gemeinde

Herr und Gott, Vater unseres Herrn Jesus Christus, in dessen Dienst ich stehen darf als Priester: Du hast mir meine Gemeinde anvertraut als ein Teil deiner weltweiten Kirche. Als ich in diese Gemeinde eingeführt worden bin, war ich voller Enthusiasmus: »Ja, mein Erbe gefällt mir gut« (Ps 16,6), betete ich mit dem Psalmisten. Mittlerweile, nach einigen Jahren, ist Alltag eingekehrt; ich kenne sie gut – die Menschen, die Abläufe, die Strukturen. Stagnation macht sich breit, das Leben läuft langsam. Wohin willst du, guter Herr und Gott, deine Kirche führen? Ist das, was hier geschieht, tief genug, weit genug – für dich?

*Ich bin den ganzen Tag beschäftigt und stehe doch manchmal
da mit leeren Händen. Begegnungen reihen sich aneinander,
doch wann geht es dabei zuerst um dich? Es geht so wenig um
dich, Herr! Die Gemeinde ist ein Betrieb mit Angestellten,
eine Bedürfnisanstalt für regressive Gefühle, ein archaisches
Ritual für Geborgenheit und Heimat. Es geht so wenig um
Nachfolge, Herr! Die Gemeinde ist ein Netz aus Gremien,
ein Dienstleister für die Feier von Lebenswenden und bisweilen ein Betreuungsverein für unmündig Gebliebene.
Und dennoch, Herr: Es ist deine Gemeinde, es sind deine
Menschen, mir anvertraut. Ich will sie annehmen, wie du
sie annimmst und sie mich annehmen. Ich will sie lieben,
weil du sie liebst und sie mich ertragen. Da ich sie nicht ändern kann, will ich sie vor dich bringen im Gebet. Du lehrst
mich, die Menschen nicht als Last zu sehen, nicht als schwere
Aufgabe, sondern als dein Geschenk an mich.*

*Ich habe schon so viele Kinder und Erwachsene getauft. Die
meisten von ihnen habe ich nie wiedergesehen. Du hast sie
dennoch in die Gemeinschaft der Kirche aufgenommen. Lehre
mich, den Leib Christi tiefer zu verstehen, umfassender, katholischer. Auch die Paare, bei deren Eheschließung ich assistieren durfte, sind mir zumeist niemals mehr begegnet. Sie
waren einfach fort. Vielleicht sind sie zu sehr mit anderem
beschäftigt. Begleite sie mit deiner Liebe; sie ist größer als
meine Erwartungen.*

*In jeder Woche stehe ich vor Gräbern, vertraue dir die Toten
an. Ich darf die Menschen in ihrer Trauer begleiten. Das
ist sicher sinnvoll. Doch kann ich mit ihnen meine Hoffnung teilen, gar Ostern feiern? Belebe du meine Resignation,*

meine Enttäuschung! Und für die Gremien bitte ich dich, denn da ist viel guter Wille drin. Sie wollen immer neue Aktionen, sie planen viele gute Dinge. Mir fehlt manchmal dein guter Heiliger Geist in alledem. Belebe du unser aller Oberflächlichkeit, unsere betriebsame Ratlosigkeit!

Ich denke an die vielen Menschen, die mich sprechen wollen. Wenn sie umständlich reden, wenn sie abschweifen, ja, wenn ich das Gefühl habe, sie rauben mir die Zeit: Gib mir Anteil an deiner Geduld, an deiner Ausdauer und Liebe! Mir kommen auch die Beichtenden in den Sinn; ich danke dir für jedes gelingende Gespräch, du Vater der Barmherzigkeit! Es gibt so vieles, von dem ich sagen kann: Da habe ich dich gespürt! Manche Begegnung ist gelungen, und ich durfte deine Liebe darstellen. Manchen konnte ich begleiten und habe gemerkt: Du bist da! Wenn der Funke übersprang, brannte auch mein eigenes Herz.

Für meinen eigenen Terminkalender bitte ich dich: Schenke ihm ein paar leere Stellen, die ich selber füllen darf – mit guten Begegnungen, mit Freizeit und Muße, mit Musik und Literatur, mit Zeit für dein Wort und fürs Gebet. Lass mich einfach Mensch sein! An die Predigt denke ich. Dein lebendiges Wort sei zwischen allen Wörtern! Und an die vielen Liturgiefeiern. Schenke meiner Routine neue Ehrfurcht! An die vielen Gespräche denke ich, oft nur am Rande. Lass mich zuhören! Und an die Stunden im Arbeitszimmer. Organisiere du mein Leben!

Ich bete für meine Mitarbeiterinnen und Mitarbeiter. Meine? Nein, deine! Es sind deine Priester, Pastoralreferentinnen,

Diakone, Erzieherinnen, Verwaltungsangestellte, Küster, Hausmeister, Sekretärinnen, Kirchenmusiker, Gärtner, Wirtschafterinnen. Mir anvertraut. Es sind zu viele, als dass ich sie wirklich würdigen könnte. Es sind so viele, dass ich sie deiner Aufmerksamkeit anvertrauen muss. Leiten heißt für mich auch leiden, denn ich werde nicht allen gerecht. Leite du, dreifaltiger und lebendiger Gott, unsere Dienstgemeinschaft!

Zuletzt denke ich noch, mein Herr und Gott, an mich selbst. Ich sehe die Begeisterung, mit der ich einst begonnen habe, sehe die Krisen, durch die du meinen Glauben geläutert hast.

Ich fühle mich reich beschenkt durch dich – und doch oft sehr arm und klein. Ich muss nach außen meine Rolle spielen, habe Erwartungen zu erfüllen. Tief innen bin ich immer noch Anfänger. Sei du der Mut meines Neuanfangs! Mein eigener Glaube kommt nur in kleinen Schritten voran. Auch in meinem Leben hat sich längst Gewohnheit breit gemacht.

Die ersten Jahre meines Priesterlebens waren allzu einfach. Die Herzen der Menschen flogen mir nur so zu, und auf der Höhe der Sympathie wurde ich meistens wieder versetzt. Geblieben sind gute Erinnerungen, aber keine Kontinuität. Jetzt ist die Zeit gekommen, wo das Herz im Glauben reifen muss. Es geht nicht mehr darum, gut zu sein, anzukommen oder Recht zu behalten. Es geht darum, in Einheit mit dir zu leben, mein guter Herr und Gott. Eine Entwicklung von der verfassten Religion zum mystischen Glauben!

Jetzt begreife ich, dass ich zum Glauben keine schöne Kirche brauche, keine besondere Stelle oder Aufgabe, keine äußer-

liche Anerkennung, sondern allein dich, den Vater unseres Herrn Jesus Christus, der mich ruft und sendet, dem ich folge im Lieben und im Leiden. Amen.

Gemeinde leiten mit Vertrauen

Communio – Gemeinschaft mit Gott und untereinander – ist das Leitbild der Gemeindeleitung, Kollegialität das Grundprinzip der Leitung eines Seelsorgeteams. Beides stärkt die Gemeinschaft der Gemeinde, beides schafft Vertrauen in der Gemeinde und unter den pastoralen Berufsgruppen, beides ist mir sehr wichtig. Wer ein Seelsorgeteam und eine Gemeinde leitet, muss deshalb zuallererst zuhören können. Er muss nicht immer das erste und das letzte Wort haben (das hat Jesus Christus selbst), sondern sollte sich an die ganz einfachen Regeln von gepflegtem Umgang halten. Dann klappt es auch mit dem Vertrauen.

Seelsorgeteams müssen sich regelmäßig treffen, dienstlich und auch informell auf persönlicher Ebene. Deshalb sind mir das wöchentliche Dienstgespräch, die Teamklausur und auch das freundschaftliche Miteinander sehr wichtig. Denn es genügt nicht, unter den Zelebranten die Messen zu verteilen und nur alle paar Wochen mit den anderen pastoralen Mitarbeiterinnen und Mitarbeitern zu sprechen. Die Treffen müssen geistlich gestaltet werden. Das geht bei uns ganz praktisch: Bevor wir konkret planen, hören wir auf das Wort Gottes; wir lesen es, bedenken es und teilen es betend miteinander. Dieser Einstieg ist von hoher Bedeutung, er verhindert, dass man sich im Pragmatismus von Satzungen und Sitzungen verliert. Oder, noch schlimmer: dass man einfach drauflos diskutiert. »Aus der Heiligen Schrift« ist immer besser und tiefer als »aus dem hohlen Bauch«. Das Wort Gottes hilft, die konkrete Situation in einen größeren Zusammenhang zu stellen. Zugleich kann man einer zentralen Gefahr aus dem Weg gehen: Denn ohne diesen geistlichen Weg genehmigt man sich meistens nur die Lösungen der Vergangenheit. Man sucht nach dem bereits Bekannten, anstatt unter der Führung des Gottesgeistes das wirklich Neue zu finden. Darüber hinaus bedarf auch die Art und Weise, Zusammenkünfte zu leiten, einer Sensibilität, die im aufmerksamen Hören auf den jeweils anderen einen Widerhall der Stimme Gottes vernimmt. Geistliche Gemeindeleitung ist damit auch eine Form menschlicher Wertschätzung aus dem Geist des Evangeliums heraus. Sie bedarf einer hohen Selbstreflexion: Wer selbst unangreifbar geworden ist oder sich dafür hält, wird andere angreifen, ohne dies noch zu merken; am Ende wird er menschlich ungreifbar und zum Schluss unbegreiflich. Teamleiter müssen sich beständig anfragen lassen. Sie müssen nicht perfekt sein, nicht für alles das passende Rezept haben, sondern im Hören auf Gottes Wort und im aufmerksamen Erkennen der Zeichen der Zeit das konkrete Miteinander gestalten. Wer in Gott ruht – und in sich selbst – kann sich in Frage stellen (lassen), kann daraus lernen und daran reifen.

Wer Vertrauen gewinnen will, muss sich zunächst an die ganz einfachen Kommunikationsregeln halten. Vor allem darf er sich selbst nicht allzu wichtig nehmen. So entstehen Wertschätzung und Motivation. Wer geistlich leitet, entdeckt die Potenziale derer, für die er verantwortlich ist; er sorgt dafür, dass sie eigene Initiativen einbringen und ihre Talente entfalten können. Wer geistlich leitet, nimmt seine Schwestern und Brüder ernst. Er bevormundet sie nicht, sondern findet gemeinsam mit ihnen einen Weg, der ihrer ureigenen Berufung zum Christsein entspricht.

Wer Gemeinde geistlich leitet, sollte selber geistlich leben. Das drückt sich aus im persönlichen Gebet, in einer guten Beziehung zur Heiligen Schrift und zu den Sakramenten sowie in einer kritisch-loyalen Kirchlichkeit. Gott und den Menschen gegenüber muss man liebesfähig sein, leidenschaftlich, solidarisch. Gemeindeleiter müssen reife Persönlichkeiten sein, die sich selbst annehmen können, weil sie von Gott geliebt sind. Sie dürfen keine Eigenbrötler sein, die andere nur dazu benutzen, ihre eigenen Ideen umzusetzen. Vielmehr müssen sie aufmerksam hören und sich selbst zurücknehmen können. So bleibt der größere Zusammenhang stets im Blick: das Heil der Menschen, die Gemeinschaft der Kirche, Gott selbst.

Amtsträger und Laien bilden gemeinsam das eine Volk Gottes. Mögen sie auch differenzierte Berufungen haben, so leben und wirken sie zusammen in der einen Kirche. Gemeinsam ist ihnen der Heilige Geist, den sie in der Taufe als Gabe und in der Firmung als Aufgabe empfangen haben. Kommt aufgrund der Sakramentalität der Kirche für die Leitung einer Pfarrei bisher nur der geweihte Amtsträger infrage, so gibt es doch in jeder Gemeinde Gruppen und Aufgaben, die der geistlichen Leitung bedürfen. Diese kann gerade von haupt- und ehrenamtlichen Laien besonders engagiert, intensiv und glaubwürdig ausgeübt werden. Oft haben besonders charismatische Christen schon seit Jahrzehnten bestimmte geistliche Leitungsaufgaben in Caritas, Verkündigung, Liturgie und Gemeinschaft; sie sind die Säulen der Gemeinde. Zu den ersten Aufgaben der amtlichen

Gemeindeleitung gehört das Aufspüren neuer Charismen. Wer seine Gemeinde gut kennt, wird garantiert fündig!

Leitung geht deshalb nicht ohne Beteiligung und Teilhabe. Der einsame Leiter, der alles vorgibt und dem alle folgen, ist allein menschlich gesehen undenkbar. Wer keine Querdenker duldet, produziert Jasager, Schleimer und systemkonforme Karrieristen – und fährt damit langfristig die Karre an die Wand, weil dabei nichts Neues entstehen kann, es wird ja nur der Status Quo verwaltet – und die Menschen werden ihm irgendwann auch nicht mehr folgen. Dann ist man angekommen in einem Ablauf von Ritualen und Prozessen, in dem man eben nur funktionieren, aber nicht leben kann. Und auf Dauer Menschen auch nicht leben werden. Nur wer Personen einbezieht, Gleichgesinnte sucht und findet, der wird etwas erleben, das über alle noch so guten Einfälle, Ideen und Inhalte hinausgeht: *Communio*, Wertschätzung, eine »Spiritualität der Gemeinschaft« (Johannes Paul II.). Nur was wir miteinander tun oder zumindest gemeinsam überlegt haben und verantworten können, wird segensreich sein.

Das bedeutet auch, dass der Geist nur dann wirklich wehen kann, wo er will, wenn es eine Vielzahl an Meinungen, an konstruktiver Kritik gibt – auch und gerade in Kirche und Gemeinde. Das ist nicht nur geboten und sinnvoll, sondern ein Zeichen der Glaubwürdigkeit: Wer hätte das Recht, einen anderen für ungeistlich zu halten, nur weil er eine abweichende Meinung vertritt? Am Ende kommt es darauf an, wie derjenige, der seinen Leitungsdienst geistlich versteht, das Ganze zusammenführt: am besten als Brückenbauer (*Pontifex*). Das bedeutet nicht, nur um des lieben Friedens willen faule Kompromisse einzugehen;

es bedeutet vielmehr, die Spannung zwischen Offenheit und Identität so auszuhalten, dass sie für das Ganze fruchtbar wird.

Brückenbauer zu sein, zu leiten generell, bedeutet auch Macht zu haben und sie auszuüben. Es ist en vogue derzeit, auf die Macht der Kirche zu schimpfen. Wo sie missbraucht wird, und das wurde sie, mag das berechtigt sein. Nur an sich ist Macht noch nichts Schlechtes, denn ohne Macht kann man nichts machen. Macht ist das Vermögen, überhaupt etwas in Bewegung bringen zu können, ein Potenzial, das man verschieden einsetzen kann. Macht bedient jedoch den Narziss in uns, sie kann deshalb abhängig machen. Sie korrumpiert, wenn man sie nicht loslassen kann, sobald der Zenit überschritten ist. Dann bedient die Macht nur noch sich selbst, statt anderen zu dienen. Wird Macht unbegrenzt, also auf Lebenszeit vergeben, birgt sie in sich die Gefahr des Missbrauchs. Deshalb ist nicht die Frage entscheidend, ob es überhaupt Macht geben darf, sondern die Art und Weise, wie man damit umgeht und wie diese Macht dann ausgeübt wird. Für die Kirchen- und Gemeindeleitung bedeutet das: Meinungen bedürfen einer Begründung, Beschlüsse einer nachvollziehbaren Argumentation, Wege und Ziele brauchen einen kooperativen Prozess. Wo Macht allein autoritär begründet und ausgeübt wird und man auf Argumente verzichtet, wird Macht meistens missbraucht. Der Wille einer Einzelperson allein kann nicht Maßgabe pastoralen Handelns sein. Vielmehr gilt: Die Verantwortung liegt in der *Communio*, der Leiter jedoch steht für das Ganze. So ist es wichtig, dass ein Pastoralteam sich selbst, den Gremien und der Gemeinde gegenüber immer wieder Rechenschaft gibt über getroffene Entscheidungen und eingeschlagene Wege. Es muss ein lebendiges Miteinander geben, in dem Amtsträger und Laien, Kirchenleitung und Gemeindegremien gleichermaßen auf das Wort der Heiligen Schrift hören und auf Augenhöhe miteinander sprechen. Nimmt man ernst, dass Getaufte und Gefirmte wahrhaft Geistliche sind, dann ist jede nur autoritäre oder nicht argumentativ kommunizierte Entscheidung zutiefst ungeistlich. Autorität kommt vom Lateinischen »augere«, »groß machen«. Wer andere groß machen kann, wer sie wachsen und reifen lässt, hat Autorität. Nach Benedikt von Nursia ist Autorität eine Instanz, die weiterhilft, unterstützt, ermutigt und ermahnt; eine Lebenshaltung, die den Fortschritt und das Wohl derjenigen im Auge hat, die ihm anvertraut sind. Wer Menschen zu größerer Selbstständigkeit und zu mehr innerer Freiheit verhilft, hat in diesem Sinne Autorität. Macht kann man haben, eine Autorität muss man sein. Machthaber ohne Autorität werden zu Diktatoren oder Witzfiguren, je nachdem. Autoritäten ohne Macht jedoch können sehr wirkmächtig sein, allein durch ihre Präsenz.

Meine Grundfragen in der Team- und Gemeindeleitung sind: Wie wird die Gemeinde geistlicher, im Glauben und Handeln, im Gebet und in der Tat? Wodurch kommen die Menschen mehr mit Jesus Christus in Kontakt? Wie kommen wir im Seelsorgeteam gemeinsam zu inhaltlichen Schwerpunkten, wie zu Leichtpunkten? Und schließlich: Wie ist die Arbeit ganz praktisch und pragmatisch zu bewältigen, damit niemand überfordert wird?

Dazu ist mir folgendes wichtig geworden: Ich denke nicht konzeptionell, sondern personal. Meine erste Frage ist nicht: »Wie mache ich das?«, sondern: »Wer bin ich?« Ich versuche, eine spirituelle Person zu sein, vor allem durch eine regelmäßige geistliche Ordnung. Ich versuche, solidarisch zu sein und sehe hin, wo eine Not ist, um die sich (noch) niemand kümmert. Ich bemühe mich, präsent zu sein, die Menschen wertzuschätzen und anzunehmen, ihren guten Willen zu sehen. Ich weiß, dass die persönliche Ausstrahlung wirksamer ist als alle Konzepte. Die Qualität der Begegnung ist wichtiger als alle Methoden.

Ich sage, was ich denke, und bemühe mich um Authentizität. Ich hoffe, einen frohen Glauben zu haben. Ich ermutige, indem ich aufrichtig bin. Ich muss nicht ängstlich Gott beschützen (wie es Fundamentalisten tun), sondern darf ihn in aller Freiheit anbieten. Freiheit ist das oberste Gebot. Ich mache keinen Druck und zwinge die Menschen zu nichts. Glauben kann man nicht machen; ich kann nur helfen, ihn zu entdecken. Wie es der heilige Augustinus bereits wusste: »Es ist nicht wichtig, dass wir sie alle haben – es ist wichtig, dass Gott sie alle hat.«

Mein Tun definiere ich nicht von Defiziten her, sondern von den Ressourcen: »Ärgert dich das nicht, wenn nur so wenige da sind?«, fragte unsere Pfarreiratsvorsitzende. »Nein, gar nicht«, habe ich geantwortet. »Die Kirche lebt von der Kontinuität, nicht von der Quote.« Ich stecke nicht alle Energie in die sakramentale und katechetische Grundversorgung, sondern plane Zeit für Projekte: Kür und Pflicht müssen in einem guten Verhältnis stehen. Die pastorale Arbeit muss motivierend sein, sie muss Freude machen und Gemeinschaft stiften.

Ich unterscheide, wo sich der Einsatz lohnt. Aussichtslose Konflikte gehe ich, wenn möglich, gar nicht erst ein, reibe mich nicht an alten Strukturen wund, auch nicht an denen der Kirche. Ich muss ja nicht überall beliebt sein, nicht jedem gerecht werden. Wer das versucht, wird bald scheitern nach dem altbekannten pastoralen Dreischritt »ankommen – verkommen –

umkommen«, auf den man immer wieder hereinfällt, wenn man nicht aufpasst.

Und ich lasse auch mal etwas sterben, verabschiede mich von Gruppen und Gremien, die nicht mehr lebensfähig sind. Dies geschieht selbstverständlich nicht leichtfertig, es ist zumeist ein langer Prozess im Pastoralteam und in der Gemeinde. Manche Vereine und Verbände kommen ja über ihren jährlichen Kassenbericht nicht mehr hinaus, hier muss man entweder reformieren oder sterben lassen. Dazu gehört eine kritische Distanz zu Gewohnheit und Geselligkeit, denn hier stecken nur noch wenige pastorale Chancen, aber viele Zeitfresser.

Meine wichtigste Aufgabe als Gemeindeleiter definiere ich häufig so: Ich bin nicht für alles verantwortlich, aber ich stehe für das Ganze. Meine Mitarbeiterinnen und Mitarbeiter können sich darauf verlassen, dass ich hinter ihnen stehe und ihnen den Rücken stärke. Und wenn mal etwas schiefgeht, stehen wir das gemeinsam durch, wir sind fehlerfreundlich. Bewusst haben wir uns im Seelsorgeteam nicht für einen hierarchisch-klerikalen, sondern für einen kollegialen Leitungsstil entschieden, der gegenseitige Loyalität, aber auch eigene Freiheit ermöglicht. Die darin verwirklichte Subsidiarität ist entlastend und bewahrt vor gegenseitiger Überforderung. »Es gibt viel zu tun, aber es ist nicht schwer« – so meine kontinuierliche Antwort auf die Frage, wie es mir in der Gemeinde so geht.

Meine Erfahrung ist: Das alles schafft Authentizität und Verlässlichkeit, es verleiht Ausstrahlung, es tut dem Seelsorgeteam und der Gemeinde gut. Vertrauen kann man nicht machen und nicht erzwingen. Wenn es entsteht, ist es Frucht unseres guten

Miteinanders und der Gnade Gottes. Wer vertrauen kann, dem vertraut man gerne.

So geht es aufwärts mit der Kirche (3)

- Die Gemeinde lebt von der Eucharistie, sie hat ein Recht darauf.
- Christen können nicht mehr alle Lebensbereiche regeln, aber mitwirken, wenn Gutes geschieht. So wird die Welt verwandelt.
- *Katechese* und *Kasualien* sind wichtige Anknüpfungspunkte, die keine Routine, sondern hohe Aufmerksamkeit und Professionalität verlangen.
- Gemeindeleitung geht nur partizipativ und kollegial, authentisch und verlässlich. Die/der Gemeindeleiter*in ist nicht für alles verantwortlich, aber sie/er steht für das Ganze.

Was mir immer schon Sorgen gemacht hat

Theologieferne von Pastoral und Kirche

In früheren Zeiten dachte man, Gott sei genau in Begriffe zu fassen. Man meinte: Wenn Gott uns das Denken gegeben hat, dann muss er auch zu denken sein. Anselm von Canterbury oder Thomas von Aquin schrieben sogar theologische oder philosophische Gottesbeweise. Heute weiß jeder, dass man Gott nicht beweisen kann. Es gibt gute Gründe zu glauben, Hinweise vielleicht, aber keine logischen Beweise. Man ging früher auch anders mit der Bibel um. Man meinte, dass sie wortwörtlich vom Heiligen Geist diktiert sei und sprach deshalb von *Verbalinspiration*. Heute weiß jeder, dass die Bibel in einem langen Traditionsprozess entstanden ist und der Auslegung bedarf: Man kann die Bibel entweder wörtlich nehmen oder ernst. Ohne Interpretation gehen wir garantiert am Sinn der Bibel vorbei.

Beides – das Denken und die Bibel – kann sich Gott nicht direkt nähern, denn Gott ist der ganz Andere. Unser Sprechen von ihm ist deshalb analog, bildhaft. Ich kann sagen, wo mir Gott aufgegangen ist. Das ist wie beim Sonnenaufgang: Jeder weiß, dass die Erde sich dreht, und dass deshalb die Sonne nicht aufgeht.

Aber dennoch empfindet man es so, als ginge die Sonne auf. Und deshalb spricht man davon, ist fasziniert davon. Ich kann auch sagen, dass mein Name in Gottes Hand geschrieben ist. Das ist wieder nur ein Bild, denn Gott ist kein menschliches Wesen und hat deshalb auch keine Hand. Und dennoch tut mir diese Vorstellung gut, weil sie mir sagt, dass Gott mich kennt und mich niemals vergisst. Der Inhalt meiner Aussage (»in Gottes Hand geschrieben«) ist also richtig, wenn auch das Bild (»Hand«) ein bisschen schief ist, es trifft nur analog.

Jesus selbst hat von Gott in Bildern gesprochen: Er hat ihn *Abba*, lieber Vater, genannt. Damit wollte er sagen: Meine Beziehung zu Gott ist wie die Beziehung zwischen einem sehr guten und liebevollen Vater und seinem Sohn. Jesus wollte damit aber nicht sagen, dass Gott ein Mann ist und irgendwann Vater geworden sei. Der Inhalt ist wieder richtig, aber das Bild bleibt, was es ist: nur ein Bild! Man spricht von negativer Theologie: Alles, was wir von Gott sagen, ist ihm eher unähnlich als ähnlich, denn außer unseren Bildern haben wir nichts in der Hand. Es geht letzten Endes um das Gottsein Gottes: Denn wenn man Gott beweisen könnte wie die Existenz eines Stuhles oder eines Tisches, dann wäre er nicht mehr Gott. Deshalb kann man auch nicht über Gott reden, sondern nur von Gott, also von den Erfahrungen, die man mit ihm gemacht hat.

Solche Erfahrungen sind zunächst subjektiv; jeder macht seine eigenen, ganz persönlichen Gotteserfahrungen. Wenn wir über diese Erfahrungen sprechen – und deshalb brauchen wir die Gemeinschaft der Kirche – sind sie intersubjektiv. Wenn solche Erfahrungen eine lange Tradition hinter sich haben und für die ganze Gemeinschaft der Glaubenden von Bedeutung geworden

sind, dann sind sie Vor-Bild für alle neuen, eigenen Gotteserfahrungen. Solche intersubjektiven, durch Tradition wichtig
gewordenen Gotteserfahrungen finden wir in der Bibel.

Dietrich Bonhoeffer hat das Ganze am einfachsten auf den Punkt
gebracht: »Einen Gott, den es gibt, den gibt es nicht.« Also einen
Gott, über den man hundertprozentig Bescheid wissen könnte.
Einen Gott, der zum Gegenstand des Denkens geworden wäre oder
zum Besitz einer Glaubensgemeinschaft – einen solchen Gott gibt
es nicht! Man sieht es an den Fundamentalisten jedweder Prägung:
Sie meinen immer, sie müssten ihren Gott beschützen, weil sie ihn
genau zu kennen vorgeben. Sie haben vergessen, dass wir nur in Bildern von ihm sprechen können, und deshalb halten sie ihre Bilder
von Gott (selbstverständlich nur ihre eigenen Bilder, nicht die ihrer
Gegner) schon für das Wesen Gottes selbst. Deshalb führt eine
positive Theologie immer über rechthaberische Definitionen direkt
in den Fundamentalismus, negative Theologie jedoch ermöglicht
die Anbetung jenes großen Geheimnisses, das wir Gott nennen.

Die Verkündigung der Kirche sieht jedoch oft anders aus. Durch
eine zumeist wenig inspirierte Liturgie und durch schlechte
Predigten, die bloß moralisieren statt theologisch zu erklären,
entsteht oft der Eindruck, Christen nähmen die Bibel doch
wörtlich, außerdem sei Gott ein Gegenstand des Denkens und
befinde sich im Besitz einer bestimmten Konfession. Deren
oberste Repräsentanten argumentieren tatsächlich noch häufig vormodern, so als sei die Bibel ein Steinbruch für fromme
Phrasen, eine Weltgebrauchsanleitung und vor allem Kirchenordnung für alle Zeiten. Das bedeutet: Die Verkündigung der
Kirche ist nicht offen und ehrlich. Zumindest wird häufig
fromm verschwiegen, was theologisch längst geklärt ist.

So wird in Gottes Wort schlicht hineingelesen, was man selber will, statt mühsam herauszulesen, was Gott will. Und etwas Entscheidendes wird vergessen oder ausgeklammert: Gott bleibt das absolute Geheimnis. Ein Geheimnis jedoch, das in Jesus sehr nahegekommen ist. Deshalb können wir nicht an Gott glauben, ohne an Jesus zu glauben. Ohne Jesus bleibt Gott eine leere Chiffre, mit der man so ziemlich alles machen kann, was man will.

Ein berühmtes Beispiel dafür ist Weihnachten, die große kollektive Regression, die immer noch eine Masse von Menschen in aufwendig gestaltete und emotional hoch aufgeladene Gottesdienste spült. Schon im ersten Semester des Theologiestudiums lernt man: Das Neue Testament ist vor dem Erfahrungshintergrund von Ostern geschrieben worden. Alle Texte sind also nachösterlich entstanden und von daher auch zu lesen. Der auferstandene Christus ist das hermeneutische Prinzip des Neuen Testaments. Biografisch ist klar, dass es kein Ostern ohne Weihnachten geben kann. Der Messias muss ja erst einmal geboren werden. Aber theologisch hätte es kein Weihnachten gegeben, ohne dass der Christus durch den Tod ins Leben gegangen wäre. Ohne seine Auferstehung wüssten wir nichts von Jesus.

Zunächst also gab es die ganz und gar überwältigende Erfahrung: Jesus lebt! Daraus ist Kirche entstanden. Doch weil man mit der baldigen Wiederkunft des erhöhten Herrn und von daher mit der Vollendung der ganzen Welt rechnete, schrieb man zunächst keines seiner Worte und keine seiner Taten auf. Paulus schreibt zwar Briefe, mit denen er auf konkrete Anfragen aus seinen Gemeinden antwortet; von Jesu Worten und Taten erzählt er nichts, allein das Ereignis von Tod und Auferstehung ist für ihn das Evangelium. Es dauert wieder fast eine Generation, bis die Jesusgeschichte, allen voran seine Passion, aufgeschrieben wurde. Und wieder dauert es zwanzig Jahre, bis es von Jesus Kindheitsgeschichten gibt, und das nur bei Matthäus und Lukas, mit allerhand Widersprüchen und Ungereimtheiten. Aber egal, es kommt ja bei den Kindheitsgeschichten auch nur darauf an, auf den Christus hinzuweisen, den Gott, der Vater, als Erlöser gesandt hat. Das bedeutet: Die Kindheitsgeschichten sind fromme Legenden. Sie sind Legenden im Sinne von Anmerkungstafeln unter wichtigen Urkunden, nicht im Sinne von Märchen. Die darin liegende Wahrheit wird nicht komplett erfunden, sondern nur schön ausgeschmückt. Jesus ist geboren, das steht historisch fest, es ist kein Mythos.

Betlehem aber ist ein theologischer Ort, um Jesus als Nachkomme Davids erscheinen lassen zu können. Der Stall ist eben kein Palast, die Hirten repräsentieren die einfachen Leute, die Engel heben das Ganze auf eine himmlische Bühne. Jesus ist Maria, der Jungfrau, buchstäblich in den Schoß gefallen, sie hat sich ihn nicht erarbeiten oder verdienen müssen, ihre Jungfräulichkeit ist also ein Symbol: Jesus kommt von Gott! Josef, der Ziehvater, hat denselben Namen wie der träumende Retter aus dem Alten Testament. Das alles ist wichtig und schön, aber die Hauptsache ist und bleibt die Erfahrung von Ostern. Von daher müssen wir alles andere verstehen, und das mit historisch-kritischen Methoden. Ich habe jedoch den Eindruck, dass diese grundlegenden Erkenntnisse kaum in die Seelsorge Einzug gehalten haben – eben das erleben wir immer wieder an Weihnachten. Vielmehr bleibt man auf einer allegorischen Ebene und versucht, ohne sich die geringste erklärende Mühe zu machen, direkt darauf zu schließen, was das Ganze denn für uns heute bedeuten könnte. Meistens endet so etwas bei moralischen Appellen, die politisch korrekt und vor allem vorhersehbar sind. Als Eindruck bleibt dann meistens zurück, dass man bei

Kirchens offensichtlich immer noch an die alten Märchen glaubt. Eigentlich bräuchte es an Weihnachten einmal eine Osterpredigt.

Deshalb plädiere ich für einen aufgeklärt-mystischen Glauben statt einer magisch-naiven Religiosität. Heraus aus der Legende, hinein in die Realität! Wir brauchen in der Verkündigung mehr Vernunft, müssen andere Wissenschaften zur Kenntnis nehmen. Kein denkender Mensch glaubt mehr daran, dass Gott die Welt in sieben Tagen erschaffen hat oder dass Adam und Eva die ersten Menschen waren. Schöpfung ist mehr als das Zusammenbasteln von Naturelementen, Schöpfung ist eine andauernde dynamische Entwicklung, Gott ist in allem und immer größer als das, was wir von ihm denken und erzählen können. Die Bibel ist Erfahrungsbild und Gleichnis – diese Wahrhaftigkeit sollte auch in die Verkündigung und die Texte der Liturgie Einzug halten. Gerade in der Liturgie, so scheint mir, spielen die Legenden eine größere Rolle als der Ruf Jesu in die Nachfolge. Wir feiern die Legenden und vergessen dabei die Bergpredigt. Wie soll da das Christentum aus der Gefühlsduselei herauskommen und gesellschaftsrelevant werden? Das letzte Alleinstellungsmerkmal, das man der Kirche noch zubilligt, ist der Umgang mit Sterben und Tod. Das könnte alle Christen aufatmen lassen, ist doch ihre gesamte Botschaft von Ostern her entstanden und erst aus diesem Blickwinkel wirklich neu und unerhört.

Erlösungsresistenz und Kinderglaube

»Ich predige jetzt fünfundzwanzig Jahre lang das Evangelium, aber was viele Leute glauben, ist nichts als Angst.« Das sagte mir ein älterer Kollege schon vor Jahrzehnten. Die Erfahrung hat sich seitdem nicht geändert. Das liegt an einer Verkündigung, die zu wenig theologisch und dafür immer noch zu moralisch ist, aber auch an der Denk- und Entwicklungsfaulheit vieler Christen, die sich einfach keine Mühe machen, ihren Kinderglauben infrage zu stellen. Und dabei kann man sich erst von Gott finden lassen, wenn man seine kindlichen Vorstellungen von ihm hinter sich gelassen hat. Denn diese Vorstellungen sind immer naiv, sie sind anthropomorph, Gott wird allzu menschenähnlich gedacht, und was dabei herauskommt, ist nichts als Angst. Ich habe sogar Verständnis für junge Menschen, die bei ihren (Groß-)Eltern nur eine naive Religiosität vorfinden, einen angstbesetzten Moralismus, den man fälschlicherweise für den Glauben der Kirche hält, und die sich deshalb von dieser peinlichen Opa-und-Oma-Kirche enttäuscht, ja angewidert abwenden.

Mir hat die Unterscheidung von Religion und Glaube geholfen, das Christentum besser zu verstehen. In allen Religionen versucht der Mensch, zu Gott zu kommen – Christen jedoch dürfen glauben, dass Gott zum Menschen gekommen ist. Denn Gott hat sich in Jesus den Menschen zugewandt. Der Mensch antwortet auf diese freie Initiative Gottes, indem er glaubt, betet und handelt. Nicht der Mensch macht sich auf zu Gott – Gott macht sich auf zum Menschen. Das ist der entscheidende Unterschied. »Religion ist Unglaube« (Karl Barth), weil sie ein Machwerk von Menschen ist, sich Gott gefügig zu machen, anstatt sich lieben zu lassen und zu lieben.

Der Abbruch der volkskirchlichen Tradition mit ihrer Unterschiedslosigkeit von anständigen Bürgern und braven Christen, mit ihren erzieherischen Gottesbildern und ihrer behaglichen Christentümlichkeit hat sicherlich auch damit zu tun, dass diese Volkskirche, obwohl gesellschaftlich sehr erfolgreich und mit großer Breitenwirkung, oft über eine nützlich-magische Leistungs- und Natur-

religion zu allermeist nicht hinausgekommen ist. Der Abbruch frag-
loser traditioneller Folklore kann Aufbruch bedeuten, Chance für
einen Glauben ganz von Christus her: religionsloses statt religiöses
Christentum. Nach der institutionell-kirchlichen Breitenwirkung
ist jetzt wohl die existenziell-christliche Tiefendimension dran, die
Neuentdeckung Jesu Christi für Glaube, Gebet und Kirche.

Glauben ist Empfangen

Der religiöse Mensch
sucht unablässig das Göttliche
und findet doch nur
eine Projektion menschlicher Wünsche.

Der gläubige Christ
lässt sich von Gott finden
und begegnet in Christus
seinem menschennahen Vater.

Der Religiöse redet unablässig
und handelt ängstlich mit Gott,
der Gläubige hört den Vater Jesu sprechen
und handelt in seinem Namen.

Der eine opfert, der andere gibt sich hin.
Der eine strengt sich an, der andere liebt.
Der eine ist ein Sklave, der andere ist frei.
Die Liebe tut stets das Größere.

Als Christ zu leben heißt deshalb: Mit beiden Beinen auf dem
Boden stehen und mit ganzem Herzen bei Gott sein. Nach mei-

ner Definition gibt es einen wichtigen Unterschied zwischen Religion und Glaube: Der religiöse Mensch will seinem Gott etwas geben, damit er etwas zurückbekommt. Der gläubige Christ vertraut darauf, dass ihm mit Christus bereits alles geschenkt ist. Der eine will etwas haben von Gott, der andere will jemand sein vor Gott. Der religiöse Mensch will Segen und Glück, Gesundheit und langes Leben. Dafür ist ihm kein Ritual zu lang und kein Opfer zu viel. Er will seinen Gott gebrauchen, seine Religion soll nützlich sein. Der gläubige Christ weiß, dass er von Gott gesegnet ist; Gesundheit, Glück und Leben kommen aus seiner Hand. Deshalb dankt er zuerst für Gottes Liebe und fragt nach seinem Willen. Er vertraut dem Vater Jesu Christi, sein Glaube ist eine Haltung. Für Karl Barth gipfelte diese Unterscheidung darin, *Glaube* als *opus Dei*, *Religion* aber als *opus hominum* anzusehen.

Als Kinder bitten wir um ein Wunder. Als Erwachsene arbeiten wir mit am Aufbau des Reiches Gottes. Nicht kindisch, sondern kindlich vertrauen die Christen. Ihre Hoffnung aber ist erwachsen. Not lehrt beten, sagt der Volksmund. Aber das stimmt nicht. Not lehrt nicht beten, sondern allerhöchstens betteln. Wenn man gar nicht mehr weiter weiß, dann bettelt man beim Allerhöchsten. Ein reifer Glaube ist das nicht. Es ist vielleicht ein Anfang. Es ist Religion: unerwachsen, kindisch, auf Nützlichkeit bedacht. Ein reifer Glaube will nicht, dass Gott die Naturgesetze aufhebt oder wunderbar ins Weltgeschehen eingreift. Ein reifer Glaube hilft, das Leben zu bestehen, hier und jetzt in dieser Welt. Gebet bedeutet dann Beziehung, Lebenssinn und Geisteskraft.

Ein Kind bittet: »Lieber Gott, mach, dass es morgen nicht regnet.« Ein Erwachsener betet: »Lebendiger Gott, gib uns Kraft für einen guten Tag.« Ein Kind bittet: »Lieber Gott, bring uns sicher nach Hause.« Ein Erwachsener betet: »Heiliger Gott, begleite uns mit dem Geist der Aufmerksamkeit.« Ein religiöser Mensch fragt: »Warum hast du das nur zugelassen, Gott?« Ein gläubiger Christ vertraut: »Mit dir werde ich mein Leben bestehen, komme, was kommt.« Als Kinder beten wir zum »lieben Gott«. Als Erwachsene merken wir, dass uns Gott in dieses Leben gestellt hat. Wenn wir jedoch zeitlebens beten wie Kinder, bleibt Gott für uns ein Lückenbüßer und Wünscheerfüller. Deshalb vertrauen wir als Christen so, als ob alles von Gott abhinge, aber wir handeln so, als ob alles von uns selbst abhinge. Die Entscheidung für Christus ist uns wichtiger als das religiöse Gefühl. Wir wollen nicht nur fromm tun, ab und zu, sondern Christen werden, immer neu.

Wie sehr der kirchliche Glaube noch in den Kinderschuhen und das Christentum in alten magischen Vorstellungen steckt, ist mir auch beim Gedächtnis der Verstorbenen deutlich geworden. In der Landgemeinde, in der ich zehn Jahre lang Pfarrer sein durfte, war der Gottesdienstbesuch außerhalb der kirchlichen Hochfeste nur dann sehr hoch, wenn Gedächtnismessen bestellt worden waren. Das bedeutet, eine Familie erinnert sich an ein Familienmitglied, das vor sechs Wochen oder vor einem Jahr gestorben war. Hatten wir mehrere Sechswochenämter, so war die Kirche voll besetzt, auch wenn die betreffenden Angehörigen ansonsten niemals oder nur sehr unregelmäßig kamen. Zwar ist das Totengedenken sehr ehrenvoll, aber der Kirchbesuch allein aufgrund eines solchen Gedächtnisses macht doch auch deutlich: Vom Christentum halten manche dieser Leute nur wenig. Was sie dann treiben, ist Ahnenkult wie bei den alten Naturreligionen. Ginge es ihnen wirklich um die österliche Hoffnung, müssten sie alle an der Osternacht teilnehmen oder sogar jeden Sonntag kommen. Was sie also letztes Endes zusammenführt, sind ihre gemeinsamen Gene, denn sie kommen ja wegen eines verstorbenen Familienmitglieds. Vom Universalismus der Nächstenliebe, von der Eucharistie als Feier von Tod und Auferstehung haben viele Teilnehmer solcher Gedenkgottesdienste absolut nichts verstanden. Einige von ihnen meinen sogar noch, sie könnten ihren verstorbenen Angehörigen in den Himmel beten und müssten deshalb eine Messe »bestellen«. Eucharistie als Beschwörung, heiliger Zauber? Auf jeden Fall gilt: Tradition minus Inhalt gleich Folklore! Gemeinden und die Kirche als Ganze dürfen deshalb nicht nur die Folklore weitertragen, sondern müssen die geistliche Entwicklung von einer magisch-naiven Religiosität zum aufgeklärt-mystischen Glauben fördern. Das bedeutet, Menschen nicht nur zu betreuen, sondern wenn möglich auch zu bilden. Denn wer religiös noch in den Kinderschuhen steckt, wird bei der erstbesten Lebenskrise aus den Latschen kippen.

Gelaber und Geleier

Für die Religion sind Gott und Welt radikal getrennt, die Wirklichkeit ist eingeteilt in profan und sakral. Deshalb ist auch die Sprache religiöser Menschen häufig buchstäblich abgehoben: Eine Terz höher als normal werden Worte gebraucht und gehaucht, die ansonsten in der Alltagssprache gar nicht vorkommen. Für den Glauben dagegen gehören Gott und Welt unverbrüchlich zusammen, die Wirklichkeit hat keinen eigenen abgetrennten heiligen Bezirk, denn Gott interessiert sich für die Welt und wohnt inmitten seiner Geschöpfe. Deshalb darf der gläubige Christ von Gott reden und zu ihm beten, wie ihm das Hirn gewunden und der Schnabel gewachsen ist; in derselben Tonlage, in der normalerweise auch geredet wird, und mit denselben Worten.

In meiner Kinder- und Jugendzeit habe ich Gebet als monotones Geleier und Liturgie als nicht weniger monotones Gelaber erlebt. Das ganze Friede-Freude-Eierkuchen-Gedöns und die Jesus-liebt-dich-Sprüche gingen mir schon immer auf die Nerven, auch das verschwurbelte Geschwafel vieler Predigten, frommer Lieder und Wallfahrtslitaneien. Heute klagen Menschen mehr denn je darüber, dass sie die Sprache der Kirche nicht verstehen. Woran liegt das? Was können Seelsorger und Prediger besser machen? Die Theologie hat wie jede Wissenschaft eine interne Fachsprache, das ist überhaupt kein Problem. Wer jedoch theologische Inhalte überhaupt nicht mehr ohne diese Fachsprache ausdrücken kann, offenbart damit, dass er sie im Grunde genommen gar nicht verstanden hat; es bleibt dann beim Nachplappern von Formeln und Floskeln. Für die Vermittlung theologischer Inhalte braucht man eine ganz einfache Alltagssprache: kurze Sätze, lebensnahe Bilder, alltagsbezogene Erfahrungen. Ebenso ist es mit der Liturgie: Selbstverständlich verwendet die Liturgie der Kirche eine gehobene Sprache. Wer diese aber nur vor- oder abliest, verfällt schnell in einen pathetischen Singsang. Hier kommt es darauf an, wirklich zu beten und die Inhalte auch situationsbezogen in eigene Worte fassen zu können.

Vor einiger Zeit bin ich mal gefragt worden, was ich überhaupt nicht ausstehen könne. Meine Antwort: »Frommes Gelaber!« Die Sprache der Kirche wirkt auf manche kraftlos, sie empfinden sie als frömmelndes Geschwafel, umständliche Salbaderei, ja Wortgeklingel. Ich verwende dafür manchmal die Begriffe *Logorrhoe* – Wortdurchfall oder auch *Schwafelbingo* – wenn alles so langweilig vorhersehbar ist. Bei vielen offiziellen Äußerungen hoher Amtsträger frage ich mich oft, wie es möglich ist, so wenig Inhalt in so viele nichtssagende Sätze zu packen, verschwurbelt und verquast. Das liegt offenbar an der Weltfremdheit der Autoren, die nur noch binnenkirchlich denken können und ihre Adressaten schon lange nicht mehr im Blick haben. Manche Texte klingen schon allein deshalb so fromm, weil sie so allgemein formuliert sind. Oft wird auch verklausuliert gesprochen, weil man sich von vornherein gegen Kritik absichern oder die wirklichen heißen Eisen erst gar nicht klar benennen will. Für eine aussagekräftige, starke Sprache muss man über den eigenen Horizont hinausdenken können.

»Kirchisch« wird dort gesprochen, wo man offenbar noch davon ausgeht, dass es darüber einen Konsens gibt. Anders gesagt: Die Sprache vieler Kirchenvertreter steht noch immer unter dem Paradigma der Volkskirche. Man geht davon aus, dass noch viele in dieser Sprachwelt zu Hause sind oder stillschweigend hinnehmen, dass man eben nichts versteht, weil »die da oben« es ja schon wissen werden. Auch das Kirchenrecht und die komplette Kirchenverwaltung gehen noch von volkskirchlichen Verhältnissen aus. Am lustigsten finde ich immer, wenn von Bischöfen im vollen Ornat das Ende der Volkskirche verkündet wird. Ändern sollen sich immer die anderen.

Ein typisches Beispiel von »Kirchisch« oder »Kirchensprech« ist das Adjektiv »geistlich«. Bei diesem Wort muss man gut aufpassen, denn es wird in letzter Zeit häufig, ja beinahe inflationär benutzt, um ein Vorhaben oder eine Autorität irgendwie unangreifbar (leider auch ungreifbar, gar unbegreiflich) zu machen. Viele »geistliche Worte« zum Beispiel klingen allein deshalb so fromm, weil man inhaltlich an keiner Stelle konkret wird: Was »geistlich« sein soll, ist in Wirklichkeit nur ziemlich allgemein formuliert, es handelt sich oft um fromme Phrasen, die man »geistlich« nennt, weil sie letzten Endes unverbindlich bleiben und damit schlicht bedeutungslos sind. So werden Meinungen und Autoritäten vor Kritik geschützt: Wer hinterher nicht hundertprozentig zustimmt, ist eben nicht »geistlich« genug. Das Adjektiv »geistlich« führt damit faktisch zu einem innerkirchlichen Widerspruchsverbot. »Man muss das geistlich sehen« heißt dann soviel wie: »Bitte keine weiteren Fragen, die Diskussion ist beendet!« So wird aus »geistlich« geradezu eine Selbst-Immunisierung der Kirche gegen den Geist Gottes, ein subtiler Gehorsams- und Stillhalte-Appell seitens der kirchlichen Autorität. Wer nicht spurt oder sich für grundlegende Reformen einsetzt, wird als oberflächlich diffamiert, eine andere Spielart des Illoyalitätsverdachts.

Manche Begriffe sind nötig, um das Christentum zu verstehen. Zum Beispiel Erlösung, Gnade und Reich Gottes. Man muss sie jeweils neu in die aktuelle Situation hinein übersetzen. Das geht am besten über das Erzählen eigener Erfahrungen, die man dann mit den jeweiligen Inhalten verbindet. Die Sehnsucht nach Gott ist unsagbar groß, auch die Sehnsucht nach Erlösung und Gnade. Die Verkündigung muss jedoch voraussetzungslos sein, damit sie diese große Sehnsucht überhaupt aufspüren kann. Beispiel Erlösung: Hier kann man die Rechtfertigungslehre oder eine ganze Gnadentheologie ausbreiten – oder einfach sagen: »Gott liebt mich vor aller Leistung und nach aller Schuld. Er liebt mich, nicht weil ich gut bin, sondern weil er gut ist.« Man kann es aber auch deutlich komplizierter ausdrücken oder sogar so, dass man als Moralapostel spricht. Genau so sind viele Akteure von Kirche lange aufgetreten, nicht selten aus einem einfachen Grund: Der moralische Zeigefinger ist ein Machtinstrument.

Damit wichtige Glaubensbegriffe nicht zu bloßen Formeln verkommen, muss man in den Glauben hineinwachsen. Schwimmen lernt man nur im Wasser, Beten und die Mitfeier der Liturgie beim Beten und Mitfeiern. Die Liturgie muss deshalb immer wieder katechetisch erklärt und so gefeiert werden, dass Gott als das große Geheimnis allen Lebens darin erfahrbar wird. Ihre Sprache soll nicht nur sinnvoll und verständlich, sondern auch schön sein, ansprechend und ästhetisch. Sie muss alltäglich sein, aber sie darf den Mainstream nicht nachplappern. Dann wird sie modisch und banal. Deshalb spreche ich im Gottesdienst eine gehobene Alltagssprache. Diese verwende ich ja auch in meiner normalen Kommunikation. Ich spreche und bete im Gottesdienst so, wie ich normalerweise auch spreche. Das ist, wie ich hoffe, authentisch. Natürlich müssen mit Blick auf die jeweilige Zielgruppe bestimmte Begriffe angemessen erklärt werden. Doch wer in Familienmessen Kindersprache spricht oder im Jugendgottesdienst Jugendjargon, der macht sich zum Affen und wird nicht ernst genommen. Verständlichkeit, Ästhetik und Authentizität gehören nicht ins Museum.

Liturgische Gerechtigkeit

Wenn man
auf Deutsch betet,
verstehen manche wenig.

Wenn man
auf Latein betet,
verstehen alle nichts.

Das ist allemal gerechter,
als die Liturgie zu erneuern.

Insiderslang, aber auch sprachliches Anbiedern sind also banal. Genauso banal ist es, wenn der technische Aufwand so sehr in den Vordergrund rückt, dass der Inhalt kaum noch zur Geltung kommt. Wenn Liturgie zum reinen Event oder gar zur selbstbezogenen Show wird, werden die Teilnehmenden ihrer Freiheit beraubt. Man will sie offenbar nur überzeugen statt Zeugnis zu geben. Wir »bei Kirchens« laufen ohnehin häufig nur den Trends hinterher und sollten nicht andauernd nachmachen, was andere besser können. Die Kirche lebt von der Kontinuität, nicht von der Quote. Missionarisch ist nur, was als glaubwürdig erlebt wird.

Warum aber tun sich viele Kirchenleute so schwer, klar und einfach in der Sprache der Menschen von heute zu reden? Und das, obwohl die Botschaft doch so klar und einfach ist? Vielleicht auch, weil manche nicht verstanden haben, worum es im Kern geht, oder die Botschaft von der bedingungslosen Liebe Gottes selbst nicht annehmen können. Manchen Theologen fällt es zwar leicht, Gelerntes richtig zu wiederholen, aber schwer, das eigene Herz daran zu bilden. Selbst Priester und Bischöfe können eine ganz verängstigte Religiosität haben und zur Freude am Glauben gar nicht durchgedrungen sein. Hier zeigt sich, dass der Übergang von einer naiv-magischen Religiosität zu einem aufgeklärt-mystischen Glauben eine lebenslange Aufgabe ist. Dieser Prozess hat viel mit innerer Freiheit und Selbstannahme zu tun.

Wir brauchen deshalb Übersetzer des Evangeliums in Wort und Tat. Die Botschaft muss verstehbar sein und vorgelebt werden. Die Leiter von Gottesdiensten brauchen mehr Rückmeldung und kollegiale Beratung, denn im Laufe der Zeit stellen sich viele Marotten ein, die einer Korrektur bedürfen. Hier greifen

Communio und Kollegialität, die beiden entscheidenden Prinzipien für das Gemeindeleben, ineinander. Katecheten brauchen zunächst selbst eine vertiefende Einführung in den Glauben, damit ihre Worte nicht nur gelernt klingen, sondern durch eigene Glaubenserfahrungen hindurchgegangen sind. In der Ausbildung der Seelsorger sollten mehr Menschen arbeiten, die Praxiserfahrung haben. Das Ziel der Ausbildung sollte nicht der angepasste Kirchenmensch, sondern der freimütige Christ sein.

Wir müssen also alle lernen, den Glauben neu ins Wort zu bringen: Katecheten, Pastoralreferenten, Diakone, Priester und Bischöfe. Und alle Christen! Das scheinbar selbstverständliche religiöse Vorwissen früherer Generationen und auch unserer Generation setzt oft viel auf Moral, weniger auf Liebe; viel auf Kirche, weniger auf Jesus. Wir haben also gar nicht viel verloren, wir können nur gewinnen! Vor allem die Eltern müssen dahinterstehen, den Glauben vor- und mitleben. Man kann sich nicht zeitlebens damit entschuldigen, dass man eine Botschaft selber nicht vermittelt bekommen hat. Ein Neuanfang ist jederzeit möglich. Ich selbst habe viel mehr vom Glauben gelernt, indem ich am Glauben meiner Eltern maßgenommen habe, selbst wenn er wenig reflektiert war, als durch irgendwelche einfühlsamen religionspädagogischen Methoden. Wenn der Glaube zu klein ist, wächst man heraus, er muss zu groß sein, dann kann man hineinwachsen.

Menschen, deren Glaubenssprache man unmittelbar verstehen kann, kennen sich zumeist in einer gelebten und nicht bloß gelernten Theologie gut aus und stehen mitten im Leben. Sie machen eigene Glaubenserfahrungen und bringen diese in Verbindung mit der Bibel. Sie kümmern sich dabei mehr um Gott als um kirchliche Richtigkeiten. Außerdem haben sie die konkreten Menschen im Blick, für die sie da sind. Und sie kennen die Schätze des Glaubens: Die Bibel ist wichtiger als der Katechismus, denn sie enthält lebendige Erfahrungen von Menschen, anschaulich erzählt. Die Psalmen lernt man mit der Zeit inwendig. Die alten Lieder haben Gewicht, weil sie schon lange da sind, weil sie mit Glauben gefüllt sind und man mit ihnen leben kann. Für all dies braucht man eine treue Praxis – im Bibellesen, Psalmenbeten und Liedersingen. Bescheidenheit, Bodenständigkeit und Realitätssinn gehören ebenfalls dazu.

In der theologischen Reflexion jedoch hat man sich jahrhundertelang eher an der griechischen Philosophie und am römischen Recht orientiert, in der wissenschaftlichen Theologie am universitären Sprachgebrauch. Deshalb heißt es, wie bei jeder Reform: zurück zu den Quellen, von der Kirchensprache zur Gottespoesie!

Drauf sollten wir achten, damit wir besser verstanden werden:
1. Botschaft: Wissen, was man sagen will und was nicht.
2. Theologie, Exegese, Spiritualität: Begreifen, was andere denken.
3. Relevanz: Die Situation der Menschen kennen.
4. Sprache: Bildreich sprechen, Alltagssprache in kurzen Sätzen.
5. Authentizität: Leben, was man sagt.

So werden unsere Worte schön, berührend und Mut machend:
1. Regelmäßig Bibel und Zeitung lesen.
2. Liturgie bewusst mitfeiern und im Gebet bleiben.
3. Menschen kennen und lieben.
4. Selbstkritisch und bescheiden auftreten.
5. Kreativ und freimütig sein.

Ratlos macht rastlos

Ratlosigkeit macht rastlos. Das gilt derzeit besonders für den kirchlichen Verwaltungsapparat und seine Gremien. Der Glaubensverlust in der Gesellschaft und der Bedeutungsverlust der Kirche ist überall deutlich zu spüren. Was machen wir jetzt mit einer ganzen Heerschar von Mitarbeitern in den Generalvikariaten und Ordinariaten? Die Lösung ist ganz einfach: Sie beschäftigen sich, nach guter alter Behördenmanier, mit sich selbst. Da die Kirchensteuer noch reichlich fließt, spielt es ja auch überhaupt keine Rolle, wozu das Ganze noch gut sein soll und ob es am Ende irgendetwas bewirkt. Ein System jedoch, das sich fast zu hundert Prozent mit sich selbst beschäftigt, liegt bereits im Todeskampf.

Die Lebenskurve vieler Organisationen geht meiner Ansicht nach etwa so: Zuerst kommt die charismatische Gründung, dann die institutionelle Absicherung als Gemeinschaft; auf diese folgt ganz sicher irgendwann eine dekadente Phase, in der man es sich gutgehen lässt und das gemeinsame Ziel aus dem Blick verliert; diese Phase wird dann im besten Fall wieder durch eine Reform abgelöst, durch die man versucht, an der charismatischen Gründung anzuknüpfen. Wird die Reform verpasst, stirbt die Organisation. In allen Organisationen hält die Verwaltung bis zuletzt durch, auch in der dekadenten Phase, selbst wenn das Charisma komplett verdunstet sein sollte. Ist die Vision erst einmal weg, macht sich die Administration breit. Denn irgendetwas gibt es immer zu verwalten: Man kann eine Chronik schreiben oder Statistiken aktualisieren, man kann Zeitschriften herausgeben und verschicken, auch wenn sie niemand bestellt hat und auch keiner liest, man kann zu Konferenzen einladen, in denen man sich selbst als besonders wichtig darstellt, man kann immer mehr und neue Kommissionen gründen und dadurch Probleme professionell verschleppen, man kann die IT (Informationstechnik) vereinheitlichen und neue Hard- und Software für alle Mitarbeiter anschaffen, womit genügend Arbeitszeit über einen sehr langen Zeitraum generiert sein dürfte, eine sehr moderne und willkommene Spielart der Beschäftigungstherapie. Man kann Milieu- und sonstige Studien in Auftrag geben, deren Ergebnisse so vorhersehbar sind, dass man damit bestenfalls die Menge an Papier und heißer Luft vergrößert. Man kann teure Unternehmensberater einschalten und ihnen dann mehr Vertrauen schenken als dem Evangelium und dem gesunden Menschenverstand. Schließlich kann man versuchen, die Attraktivität der Institution Kirche mit neuen Logos und Werbeplakaten zu erhöhen, allein um die in fast allen Diözesen überdimensionierten Presseabteilungen zu beschäftigen, die ständig die Verkündigung des Evangeliums mit der Werbung für die Institution Kirche verwechseln und zumeist über eine zentralistisch-plumpe Hofberichterstattung nicht hinauskommen. Deshalb wehrt man sich in den Verwaltungen am heftigsten gegen eine Reform, denn dann würden Bürostühle wackeln. Damit das nicht geschieht, nimmt die Kirchenverwaltung vorsichtshalber immer mehr Raum ein, wird komplizierter und raubt nicht nur den Seelsorgern Zeit und Kraft. Das System Kirche ist in diesem Sinne hochgradig selbstreferenziell. Was für eine Verschwendung an Personal und Ressourcen!

Mit großer Sicherheit würde ohne die Kirchensteuer die katholische Kirche in Deutschland vollständig erodieren. Sie hat wie ihre evangelische Schwesterkirche als Dienstgeber eine große Macht – nicht jedoch als Glaubensgemeinschaft. Wenn ich mir vorstelle, wie viele der Mitarbeiter von Kirche und Caritas zu meiner Pfarrei gehören, müsste die Kirche jeden Sonntag bis zum Bersten voll sein. Wenn dann noch alle Religionslehrer und Erzieherinnen kommen würden, müssten wir eigentlich anbauen. Zwar kann man von diesen Menschen nur die arbeitsvertraglich vereinbarte Leistung und keinen Glauben fordern, aber es gibt mir doch zu denken. Ich kann nämlich nicht wissen, ob der Mitarbeiter der Diözese, mit dem ich über ein Bauprojekt oder ein pastorales Konzept sprechen muss, im Tiefsten weiß, worum es überhaupt geht. Das hat sehr praktische Auswirkungen auf meinen Dienst als Gemeindpfarrer. Durch den Mangel an pastoralem Personal – Priester, Diakone, Pastoral- und Gemeindereferenten – sind in den Bistumszentralen immer mehr Mitarbeiter eingestellt worden, die unterstützend tätig werden sollen, um das pastorale Personal zu entlasten. In Wirklichkeit aber machen viele von ihnen alles nur noch viel komplizierter, da sie einerseits Informationen von der Gemeindeebene brauchen und andererseits vom Schreibtisch aus innerhalb ihrer tariflich geregelten Arbeitszeit in diese hineinwirken müssen, allein um ihr Dasein zu rechtfertigen. Das bedeutet: Man muss sie füttern, damit sie etwas zu tun haben, man muss ihren Einladungen folgen und an ihren Konferenzen teilnehmen. All das führt nicht zu einer Entlastung, sondern zu weiterem Arbeitsaufwand, vor allem bei Sitzungen, die wichtig wirken sollen, aber absolut nichts bewirken. »Das Sitzfleisch ist die eigentliche Sünde wider den Heiligen Geist«, meinte schon Friedrich Nietzsche. Jesus jedenfalls war Wanderprediger, bei ihm saßen nur die Worte.

So werden in meiner Diözese alle paar Jahre neue Papiere verfasst, mit denen sich dann Diözesan- und Gemeindegremien

befassen sollen und die bei den zahlreichen verbindlichen Fort-
bildungen und Konferenzen thematisiert werden. Es begann mit
einem mehrjährigen, aufwendig organisierten Diözesanforum
»Mit einer Hoffnung unterwegs«, ich war gerade Berufsanfänger
und von daher noch nicht aktiv mit dabei. Ganz bewusst wollte
man keine Synode, damit der Bischof frei blieb, das Ganze nach
eigenem Gusto zu kommentieren und es dann gegebenenfalls
in der Schublade verschwinden zu lassen. Tatsächlich erlitt das
Diözesanforum am Ende dasselbe Schicksal wie bisher fast alle
Foren, Synoden und Dialogprozesse: frustrierte Engagierte und
eine Menge bedrucktes Papier mit Ideen, die niemals umgesetzt
werden. Also wirklich nur frommes Gelaber, um aufmüpfige
Laien für eine gewisse Zeit ruhigzustellen und der Öffentlichkeit durch Berichte in der Presse zu suggerieren, in der Kirche
würde sich irgendetwas bewegen lassen. Hinterher waren die
Worte kleiner, man war wieder mit weniger Hoffnung unterwegs, wenn auch die Schublade, in der alles verschwand, nun
nach Rom abgeschoben wurde. Aber auch das war wohl nur die
bekannte Pastoralkosmetik von Demokratiekompensaten, das
fromm-rhetorisch aufgeblähte Nichts, das den salbungsvollen
Dankesworten an die Mitwirkenden auf dem Fuße folgt. »Es hat
zwar nichts gebracht, aber wir hatten intensive Gespräche und
eine ganz dichte Atmosphäre«, beteuerte eine Teilnehmerin, »wir
haben schön miteinander gebetet – und der Bischof ist echt nett«.

Einige Jahre später verfasste man einen neuen Diözesanpastoral-
plan, der zur Folge hatte, dass anschließend jede einzelne Pfarrei
einen eigenen Pastoralplan schreiben sollte, wofür das Bistum
noch mehr Mitarbeiter einstellte, die nun das Erstellen der sogenannten lokalen Pastoralpläne zu begleiten und diese zu lesen
hatten. Bei der Schlussreflexion des jeweiligen Pastoralplans gab

es für alle Pfarreiratsmitglieder ein Stück Schokolade (kein Witz). Ich meine, es gehört zu den ganz normalen Aufgaben einer jeden Pfarrei, eine Standortbestimmung vorzunehmen und Zielvereinbarungen zu treffen. Die lokalen Pastoralpläne waren noch nicht ganz fertig, da kam vom Bistum schon wieder ein Papier, dieses Mal mit dem auch in Politik, Wirtschaft und Gesellschaft kursierenden schillernden Thema Kulturwandel, mit dem man wirklich alles und nichts aussagen kann. Auch mit diesem Papiertiger befassten sich alle Bistums- und Pfarreigremien, bis niemand mehr wusste, was mit dem Kulturwandel eigentlich konkret gemeint sein sollte, und die entsprechenden Veranstaltungen dazu abgesagt werden mussten. Dann ging es in noch mehr Papieren um Prioritäten und Posterioritäten in der Pastoral, so als könne man mit Ausnahme der zur Verfügung stehenden Kirchensteuermittel von der Zentrale und damit der Metaebene her bestimmen, was vor Ort wichtig und was weniger wichtig sein soll. Das entscheidet der Heilige Geist in Gestalt der Charismen, das muss vor Ort erkundet werden! Im Grunde genommen wird also nur mit Schlagwörtern herumgeworfen, an der konkreten Realität ändern diese Papiere jedenfalls absolut nichts. Es werden potemkinsche Dörfer gebaut, es werden überflüssige Themen gesetzt und dafür Kräfte gebunden, die dann in der eigentlichen Seelsorge fehlen. Diese potemkinschen Papiertiger werden auf Ortsebene entweder ignoriert oder gehorsam nachgebetet, wenn ein Vertreter der Bistumsleitung gerade zufällig anwesend ist. Der offizielle Gebrauch der jeweiligen Schlagwörter dient dann als Erweis von Gehorsam und persönlicher Rechtgläubigkeit.

Durch die diversen Prozesse, die wir in letzter Zeit erleben, erleiden mussten, ist eine Rastlosigkeit entstanden, die eine allgemeine Ratlosigkeit kaschieren soll; eine heillose Geschäftigkeit, mit der man sich und seine Kollegen über den lähmenden Reformstau hinwegtröstet: Es soll etwas geschehen, aber es darf nichts passieren. Es werden weitere Papierberge aufgehäuft und übersprunghafte Selbstbeschäftigungen geschaffen, um die Aufblähung der Oberbehörde zu rechtfertigen. Deren Abteilungen schreiben sich gegenseitig Briefe und konkurrieren um interne Zuständigkeiten und Unterschriftsvollmachten, Außenwirkung gleich null. Ohne die Kirchensteuer würde dieses Kartenhaus von jetzt auf gleich in sich zusammenfallen, und das würde wohl über lange Zeit im Gemeindeleben vor Ort niemandem auffallen. Das Ganze ist übrigens gar nicht kirchen-, sondern eher behördenspezifisch, es lässt sich auf viele Bereiche des öffentlichen Lebens übertragen: Den Lehrern bleibt keine Zeit für die Schüler, dem Pflegepersonal für die Patienten und den Seelsorgern für ihre Gemeinden. Und das alles, weil Verwaltungen sich aufblähen und behördliche Vorgaben immer komplizierter und umfangreicher werden. Wir haben zu viele Häuptlinge und zu wenige Indianer.

Ein besonders lustiges Beispiel kirchenbehördlicher Ressourcenverschwendung ist der Umgang mit dem Kirchenrecht. In bestimmten Fällen, zum Beispiel bei Erwachsenentaufe, Wiedereintritt oder bei Trauungen außerhalb der immer seltener werdenden katholischen Musterbiografien, braucht man als Pfarrer die Genehmigung der Aufsichtsbehörde. Bei dieser muss man ziemlich viele Papiere einreichen, die dann durchgesehen und mit einem Stempel versehen werden. Manchmal werden sie auch nach Rom weitergeschickt. Erst jetzt, nach der Genehmigung, darf man beispielsweise der Trauung assistieren, sodass sie gültig und erlaubt ist. Zwar braucht jede Gemeinschaft auf Erden verlässliche Regeln, außerdem macht das Prozedere deutlich, dass allein der Bischof der Souverän der Diözese ist, aber dieses Hin- und Herschicken von Papieren gleicht mitunter einer Groteske. Als wenn Gott sich für das Kirchenrecht interessieren würde, als wenn sich seine Gnade durch ein Gesetzbuch regeln ließe. Wie kirchenförmig, ja wie kleinlich wird hier von Gott gedacht! Kirchenjuristen werden jetzt sagen, die Gnade sei selbstverständlich unverfügbar, das Recht regle ja nur die Kirchenzugehörigkeit. Normen und Gesetze bringen aber immer auch Richter hervor, die sich dann ganz wichtig und über andere erhaben fühlen. Ganz im Ernst: Den Menschen, die um ein Sakrament bitten, ist diese kirchliche Genehmigung völlig egal, ihre Gottessehnsucht ist nicht kirchenförmig, die Kirche ist für sie nur der Rahmen für das unaussprechliche Geheimnis ihres Lebens, durch das sie mit Gott selbst in Berührung kommen und bleiben möchten. Ob sie die Selbstrelativierung der Kirche durch das Zweite Vatikanische Konzil vielleicht besser verstanden haben als manche Kirchenprofis? Manchmal muss ich sogar kleinlaut um Entschuldigung bitten, dass meine Kirche aus jeder Gnade einen Verwaltungsakt macht, ja dass sie die grenzenlose Liebe Gottes so kaltherzig verdinglicht. Steht als letzter kirchenrechtlicher Ausweg ein Ehenichtigkeitsverfahren an, so muss ich die Betroffenen sogar besonders deutlich um Entschuldigung bitten, denn bei diesen Verfahren wird zwar nicht gelogen, wie immer wieder fälschlich behauptet wird, es werden jedoch Biografien zurechtgebogen und passend gemacht, um den gewünschten Ausgang des Verfahrens herbeizuführen. Aber immerhin gibt es, der Kirchensteuer sei Dank, Menschen, die davon ganz gut leben können. Für sie ist mir kein Verwaltungsakt zu umständlich, für sie, meine Kolleginnen und Kollegen in den Amtsstuben, tue ich es gern. Ich habe noch nie erlebt, dass etwas nicht genehmigt worden ist, das Ganze ist also wirklich nur ein Papierkreislauf. Mein Bischof erzählte dazu einen Witz, wohltuend humorvoll und selbstrelativierend: »Ein Pfarrer liegt im Sterben und bekommt Besuch von einem Mitbruder. ›Kann ich noch etwas für dich tun?‹, fragt dieser. ›Ach‹, antwortet jener, ›lass uns noch einmal über das Generalvikariat lästern‹.«

Weniger witzig als das Kirchenrecht war jedoch über lange Zeit das kirchliche Dienst- und Arbeitsrecht. Hier wurde tatsächlich verschwiegen, verheimlicht und gelogen, nur um die sogenannten »Loyalitätsobliegenheiten« einzuhalten. Dabei ging es gar nicht um den Glauben, sondern allein um den formalen Status der Kirchenzugehörigkeit sowie der sexuellen Beziehung. Die Kirche hatte zuvor viele gute Mitarbeiterinnen und Mitarbeiter verloren, vor allem durch deren Wiederheirat oder gleichgeschlechtliche Partnerschaft. Man machte sich also mehr Gedanken um das Schlafzimmer als um die seelsorgliche, fachliche und soziale Kompetenz. Aufmüpfige Mitarbeiter konnte man durch das strenge Einhalten der Loyalitätsobliegenheiten loswerden, genehme Mitarbeiter machte man gefügig durch das ausnahmsweise und klammheimliche Umgehen derselben. Erst auf öffentlichen Druck hin sind hier neue Regelungen geschaffen worden – und weil immer weniger Menschen bei der Kirche arbeiten wollen. Wie immer: Es ist nur der Druck von außen, der Veränderungen schafft, nicht die Einsicht in die bedingungslose Liebe und Barmherzigkeit Gottes. Mittlerweile ist die Kirche ein ganz normaler Arbeitgeber, die strengen Loyalitätsobliegenheiten gelten nur noch für das Seelsorgepersonal.

Die binnenkirchlich-behördliche Rat- und Rastlosigkeit herrscht auch in den Gremien, die es in der katholischen Kirche in Deutschland reichlich, beinahe inflationär gibt. Als Jugendseelsorger bin ich qua Amt Mitglied in über dreißig solcher Gremien gewesen. Im Nachhinein würde ich sagen, dies war komplett vertane Zeit, die ich besser mit den Jugendlichen hätte verbringen sollen. Alle diese Gremien vertreten sich gegenseitig und schicken Abgeordnete in die jeweils anderen Gremien: auf Gemeindeebene der Pfarreirat in den Kirchenvorstand und umgekehrt, dann in den Dekanatsvorstand und die Kreisdekanatsversammlung, auf Bistumsebene der Priesterrat in den Diözesanrat und den Kirchensteuerrat und so weiter. Bei den konkreten Zusammenkünften trifft man jedoch auf immer dieselben Leute. Das bedeutet: Es sind im Grunde nur wenige Menschen, die diesen Apparat aufrechterhalten, und deshalb auf ihre eigene Außenwirkung kaum noch achten können. Sie diskutieren, verfassen Papiere, und am Ende ist außer Papier und Spesen nichts gewesen. Alle diese Räte haben ihre Namen daher, dass sie raten und bestenfalls befürworten dürfen, was woanders längst beschlossen worden ist.

Als Mitglied eines regionalen Pastoralrats war ich in den Diözesanrat abgeordnet. Dieser diskutierte vier Jahre lang über die Satzung der Pfarrgemeinderäte. Während der Sitzungen las der damalige Bischof Romane, eine nicht besonders wertschätzende Art des Multi-Taskings. Seinen Kommunikationsstil bezeichneten wir als narrative Dialogverweigerung, denn wenn er einmal das Wort erhob, redete er so lange von irgendwelchen belanglosen Begegnungen, bis die Sitzungszeit vorbei war. Das ersparte ihm Fragen jeder Art. Kurz nach der Neuwahl des Gremiums machte man sich daran, die gerade neu geschriebene Satzung zu überarbeiten. Ich halte das für ein bewusstes Ablenkungsmanöver, denn die eigentlichen Themen, vor allem das Thema einer grundlegenden Kirchenreform, wurde von manchen Mitgliedern über Jahrzehnte vergeblich verfolgt. Immer gab es andere Formalitäten, mit denen man sich jetzt zu beschäftigen hatte. Und weil man ja nicht unfreundlich sein wollte, machte man mit. Manche von den Mitgliedern fühlten sich schon geehrt, wenn sie einmal beim Essen neben dem Bischof sitzen durften. Für mich ist dies ein Zeichen für die Unmündigkeit im Glauben und die daraus resultierende infantile Unterwürfigkeit unter ein klerikales und paternalistisches System.

Apropos Ablenkungsmanöver: Auch methodisch laufen viele Gremiensitzungen demokratiekompensatorisch ab. Meistens wird ein kurzes Statement vorgetragen, das bereits system-konform weichgespült ist und in sehr allgemein formulierte Fragen mündet, die dann in Kleingruppen beantwortet werden sollen. Diese sammeln auf Metaplankarten dazu ihre Bauchgefühle, die sie dann im Plenum vorstellen. Hinterher wird jedoch nichts beschlossen, kaum eine Idee wird umgesetzt, alles landet in Protokollen, die niemals wieder aufgegriffen werden und von daher schnell vergessen sind. Man hat sich damit beschäftigt, es war gut, dass man wieder einmal darüber gesprochen hat, doch im Grunde genommen bleibt alles beim Alten, es kommt überhaupt nichts dabei heraus, weil nichts dabei herauskommen soll. Ein Schelm, wer sich Böses dabei denkt und dahinter ein System vermutet ...

Eine andere Erinnerung dazu, diesmal an den Priesterrat. Auch hier wurde viel Zeit mit Nebelkerzen vertan, weil man sich nicht traute, die wirklichen Probleme offen auszusprechen. Vor einigen Jahren sagte ein sehr kluger und verdienter Seelsorger zum Bischof: »Ich bin jetzt 37 Jahre lang Pfarrer, aber wenn Sie, Herr Bischof, da sind, fühle ich mich wie ein kleiner Junge.« Es war schon immer so: Starke Hierarchien bringen unreife Persönlichkeiten hervor, Paternalismus führt zu Regression in Gestalt von kindlichem Gehorsam. Die Gremien der katholischen Kirche sind keine wirklichen Synoden. Sie sollen suggerieren, dass Mitbestimmung möglich sei, aber letzten Endes bleiben das System autoritär und die beteiligten Personen abhängig. Partizipation ist im Kirchenrecht nicht vorgesehen, die Kirche steht unter der Leitung klerikaler Macht. Es kommt auf den guten Willen und Leitungsstil der Kleriker an, ob es in der Kirche Mitbestimmung gibt und die Laien auch an wichtigen Entscheidungen beteiligt sind, es gibt keinerlei Recht darauf. Dieses System ist spätestens jetzt zu Ende, nachdem durch die Missbrauchsstudie bekannt geworden ist, in welch hohem Maß klerikale Macht Unrecht kaschieren konnte und Böses zu vertuschen im Stande war. Ich bin froh, dass einige Bischöfe das jetzt erkannt haben und mutig ins Wort bringen. Es bleibt zu hoffen, dass sie sich damit erfolgreich durchsetzen können und wirklich etwas tun. Wenn der von ihnen initiierte »Synodale Weg« nicht gelingt, wenn dieser gar nur ein weiteres Ablenkungsmanöver darstellt, eine weitere ergebnislose Scheinsynode ohne wirklichen Reformwillen, dann wäre wohl vorerst die letzte Chance vertan.

Zum Davonlaufen

Damals, in der DDR,
da liefen die Leute davon.
Sie hatten die Nase voll
von obrigkeitlicher Gängelei.
Sie konnten die Parolen nicht mehr hören,
hatten den Maulkorb satt.
Sie durften ja nicht denken,
nicht fragen, nicht sprechen.
Die Themen waren vorgegeben,
das hatte man zu schlucken:
Die Partei, die Partei …

Heute, in der Kirche,
da laufen die Leute davon.
Sie haben die Nase voll
von obrigkeitlicher Gängelei.
Sie können das Geschwafel nicht mehr hören,
haben den Maulkorb satt.
Sie dürfen ja nicht denken,
nicht fragen, nicht sprechen.
Die Themen werden vorgegeben,
das hat man zu schlucken:
Der Papst, die Bischöfe …

Darf man die Kirche mit der DDR vergleichen?
Um Gottes willen, nein!
Diese kam aus einer Ideologie,
jene kommt aus der Wahrheit.
Aber eine Wahrheit kann ideologisch werden,
wenn sie ängstlich gehütet und autoritär verwaltet wird.
Dann drängen sich Vergleiche auf …

Der moderne Mensch
(und der denkende Christ)
will keine Bevormundung
und keine Betreuung,
sondern Freiheit;
diese Wahrheit steht –
schon im Evangelium.

»Man kann ja doch nichts machen!«, das hört man in der Kirche oft. Die Laien sagen: »Wir können nichts machen, wir sind keine Priester.« Die Pfarrer sagen: »Wir können nichts machen, wir sind keine Bischöfe.« Die Weihbischöfe sagen: »Wenn wir Bischöfe wären, könnten wir etwas machen.« Und die Bischöfe: »Leider sind wir keine Kardinäle, sonst hätten wir mehr Einfluss auf den Papst.« Der Papst aber sagt: »Macht doch endlich mal etwas!« Und am Ende geschieht nichts. Zu einem reformfreudigen Weihbischof habe ich gesagt: »Tut euch in der Bischofskonferenz doch mal zusammen und bringt etwas auf den Weg!« Darauf er: »Da kann ich als kleiner Weihbischof nichts machen, gegen die Kardinäle kommt keiner an.«

Kleriker und Laien

Das Kirchenrecht sieht die Kirche in Anlehnung an das Zweite Vatikanische Konzil als Volk Gottes, doch teilt es dieses eine Volk streng in Kleriker und Laien ein. Der Gemeindealltag sieht anders aus, hier spricht man häufig von Haupt- und Ehrenamtlichen. Priester, Diakone sowie Pastoral- und Gemeindereferenten zählen gemeinsam zu den Hauptamtlichen, engagierte Getaufte zu den Ehrenamtlichen. Unter den Hauptamtlichen herrscht zumeist eine kollegiale und wertschätzende Atmosphäre, jeder tut das, was ihm zukommt, die Grenzen sind ohnehin fließend geworden. Im Grunde macht jeder alles, wobei allein die Feier der Sakramente den geweihten Hauptamtlichen vorbehalten bleibt. Heute arbeiten Seelsorger im Team, also in einem kollegialen Miteinander.

Das war nicht immer so. Während meines Studiums war die Ausbildung von Priestern und pastoralen Mitarbeitern getrennt, es gab nur wenige Berührungspunkte, und auch diese waren geprägt durch Klischees und Vorurteile. So galten Priesteramtskandidaten per se als die besseren Theologen, allein weil sie ihre Frömmigkeit ja durch die Bereitschaft zum ehelosen Leben öffentlich unter Beweis stellten. Sie bildeten eine Clique, die sich erhaben fühlte und von den anderen pastoralen Berufsgruppen absetzte. Angehende Pastoral- und Gemeindereferenten wiederum gaben sich bewusst antiklerikal, sie legten beispielsweise ihre theologischen Schwerpunkte weniger auf die Dogmatik, dafür mehr auf die Pastoral, weniger auf die Liturgie, mehr aufs Organisatorische im Gemeindeaufbau, weniger auf geistliche Begleitung und dafür mehr auf Supervision. Manche von ihnen sahen in den Priesteramtskandidaten bereits ihre ungeliebten Vorgesetzten, denen sie sich bald würden fügen müssen, auch wenn sie selbst größere Kompetenzen erworben hätten. Angehende Priester hielten sich selbst für fleißig, da sie ja angeblich rund um die Uhr im Einsatz sein würden, während ihre Kollegen aus dem Land der Laien ja sowieso nur Dienst nach Vorschrift machten. Ein sehr klerikaler Bischof sprach damals sogar von einer »Laienspielschar«. Alles in allem ein ziemlicher Unsinn, eine arrogante Aufwertung der eigenen Berufswahl durch plumpe Abwertung der anderen. Identitätsfindung durch Abgrenzung ist immer peinlich und verletzend.

Die Unterschiede in der »Kaste« sind verwischt zum Guten, aber bisweilen auch zum Schlechten, das Schisma ist aufgehoben: Es gibt theologisch ungebildete Priester, die sich gerne autoritär geben, um ihre Unkenntnis mit Macht und manchmal auch unter naiver Frömmelei zu verstecken. Es gibt unter den pastoralen Mitarbeitern sehr glaubwürdige geistliche Menschen mit hoher Empathie, die wunderbare Seelsorger sind. Es gibt aber auch klerikale Pastoral- und Gemeindereferenten, die von oben herab regieren, und sehr bescheidene und demütige Priester, die wahrhaft geschwisterlich handeln. Kluge und Einfältige, Fleißige und Faule, Organisierte und Chaoten, Spirituelle und Oberflächliche gibt es auf beiden Seiten. Ob jemand ein guter Seelsorger ist, hängt also weder von der Weihe noch vom Zölibat ab. Hierbei helfen nur Kompetenz und Charakter.

Hauptamtliche Laien, also Pastoral- und Gemeindereferenten, wollen als Seelsorger und Theologen ernst genommen werden, die Sonntagspredigt ist ein wunderbares Beispiel dafür: Wegen der Sakramentalität des Weiheamtes und der Einheit von Wortverkündigung und Eucharistiefeier darf in der Sonntagsmesse nur ein Priester oder Diakon die Predigt halten. Nimmt man die Einheit von Wort und Sakrament wirklich ernst, dürfte eigentlich nur der priesterliche Vorsteher der Eucharistiefeier, also der Hauptzelebrant, predigen. Dennoch gibt es in vielen Gemeinden Diakone, die predigen, oder andere Priester, die in sämtlichen Sonntagsmessen einer Gemeinde den Predigtdienst haben. An dieser Stelle wird die Einheit von Wort und Eucharistie also schon durchbrochen, der Zelebrant ist häufig nicht zugleich der Prediger, der dann oft nur für die Predigt »eingeflogen« kommt. Hauptamtliche Laien dürfen in der Eucharistiefeier nicht predigen – sollte ihr Dienst in der Wortverkündigung gebraucht werden, so müssen sie am Beginn der Messe eine *Statio* halten, also eine Einführung in die Eucharistiefeier als solche.

Doch die Gemeinden möchten das Wort Gottes ausgelegt bekommen. Hält nun ein Pastoral- oder Gemeindereferent die *Statio* am Beginn der Messe, so muss er die Bibeltexte im Grunde vorwegnehmen, da sie ja erst im Laufe des weiteren Gottesdienstes vorgelesen werden. Das ist purer Nonsens, denn man kann als Gemeinde nicht über ein Bibelwort nachdenken, das man noch gar nicht kennt. Die Auslegung der Heiligen Schrift hat nur dann einen Sinn, wenn man zunächst aus der Schrift vorliest und dann darüber predigt. Diese Praxis hat lange Zeit für viel Unmut gesorgt. Pastorale Mitarbeiter, die keine *Statio* hielten, sondern nach dem Evangelium predigten, mussten mit einer Abmahnung rechnen, sobald auch nur ein selbstgerechter Briefbeschwerer und Krümelfinder beim Bischof über sie Beschwerde einlegte. Der dienstvorgesetzte Pfarrer musste zumindest mit einer Rüge rechnen. Ich habe mich immer an die pragmatische Maxime gehalten: Es ist besser, man darf nicht predigen, aber kann es, als wenn man es zwar darf, aber nicht kann. Die Gnade baut auf die Natur auf, lehrte schon Thomas von Aquin. Die natürlichen Begabungen eines Predigers bauen eine Gemeinde besser auf als eine nur in der Theorie gedachte sakramentale Einheit von Wort und Altar. Mittlerweile ist das alles kein Problem mehr, die sogenannte »Laienpredigt« wird überall begrüßt und von den Bistumsleitungen geduldet. Ja, nur geduldet! Denn rechtlich ist die Predigt nach dem Evangelium hauptamtlichen Laien immer noch untersagt. Ein Gesetz jedoch, an das sich niemand hält, macht den Gesetzgeber nicht gerade glaubwürdig.

Ein weiteres Beispiel ist der Begräbnisdienst. In den ersten Jahren meines Priesterseins wurde Wert darauf gelegt, dass nur geweihte Seelsorger, also Priester und Diakone, den Begräbnisdienst ausüben. Später kamen, wegen des zunehmenden Priestermangels, auch Pastoral- und Gemeindereferenten dazu. Durch die Aufteilung dieses Dienstes auf verschiedene pastorale Berufsgruppen erhoffte man sich einen Qualitätsgewinn, da nun die einzelnen Seelsorger mehr Zeit für die Trauerbegleitung und die intensive Vorbereitung der Liturgie haben würden. Hauptamtliche Laien wurden als Begräbnisleiter jedoch nicht in allen Gemeinden sofort akzeptiert. Interessant war für mich die Erfahrung, dass Pastoralreferenten oftmals eher als Begräbnisleiter akzeptiert wurden als Pastoralreferentinnen. Es geht also mal wieder gar nicht um das Amt oder die Weihe, sondern um die Macht der Männer und die subtile Abwertung der Frauen, eine Spielart des Klerikalismus' von unten. Wenn man schon keinen Priester bekommt, will man doch zumindest einen männlichen Seelsorger. Mittlerweile sind viele Gemeinden hier weiter und legen größeren Wert auf die Qualität der seelsorglichen Begleitung als auf die Weihe oder das Amt dessen, der sie in ihrer Situation begleiten soll. Auch die Bistümer haben inzwischen dazugelernt und bieten Kurse an, in denen sich Ehrenamtliche zum Begräbnisleiter ausbilden lassen können. Dennoch gewinnt man den Eindruck: Solange es genug Priester gibt, sollen diese alles tun. Gibt es weniger Priester, werden hauptamtliche Laien beauftragt. Werden auch diese weniger, sollen es die Ehrenamtlichen richten. Auf diese Weise werden sich Laien immer als Lückenbüßer fühlen müssen, selbst wenn sie ihren Dienst mit Leib und Seele tun.

Mein theologisch und kirchenpolitisch gewagter Vorschlag für die Zeit nach der Kirchensteuer ist deshalb: Verzichten wir auf amtstheologische Kompromisse und weihen kompetente und berufene verheiratete und nicht verheiratete Frauen und Männer zu Priesterinnen und Priestern, Diakoninnen und Diakonen, seien sie nun haupt-, neben- oder ehrenamtlich im Dienst ihrer Gemeinde. Die Hauptsache ist doch, dass Seelsorge mit Gesicht weiter möglich ist, und dass alle Seelsorger auch sakramentale Vollmachten haben, damit Lebensbegleitung und Liturgie Hand in Hand gehen können. Dann wären das alte Schisma und die

Konkurrenz zwischen Klerikern und Laien, zwischen Diensten und Ämtern, zwischen Priestern, Diakonen und Pastoral- sowie Gemeindereferenten endgültig obsolet. Und wir wären das eine Volk Gottes, von dem das Zweite Vatikanische Konzil spricht. Wir sind Getaufte. Christsein ist immer ein Ehrenamt.

Symbolisches Händeschütteln

Die ökumenischen Gespräche stagnieren. Zwar ist auf Orts-ebene fast alles geklärt, man geht geschwisterlich miteinander um: Caritas und Diakonie, Bibel und Gottesdienst. Selbst das gemeinsame Abendmahl scheint, obwohl aufgrund des ver-schiedenen Amtsverständnisses offiziell untersagt, in den aller-meisten Gemeinden kein Problem mehr zu sein. Es wird nur deshalb noch nicht praktiziert, weil man Angst vor arbeitsrecht-lichen Repressalien hat. Beim gemeinsamen Empfang von Kom-munion und Abendmahl sind alle Gemeinden schon weiter, hier wurden Fakten geschaffen. Denn die Menschen von heute ent-scheiden selbst, was sie glauben und wie sie miteinander han-deln wollen.

Anders sieht es auf der Ebene der Kirchenleitungen aus. Hier kommt man oft über symbolisches Händeschütteln nicht hinaus. Die Rechtsvorschriften in Sachen Ökumene stammen größten-teils noch aus der Zeit des Konfessionalismus, also der gegen-seitigen Abgrenzung. Dazu ein wirklich lustiges Beispiel: In vie-len Gemeinden wird der Pfingstmontag ökumenisch begangen. Findet ein solcher ökumenischer Gottesdienst zu einer Zeit statt, in der normalerweise eine Heilige Messe gefeiert wird, so muss man diesen bei der Bistumsverwaltung beantragen. Durch den

Antrag wird offiziell sicher- und festgestellt, dass für die Gläubigen noch genügend Möglichkeiten bleiben, an einer Messfeier teilzunehmen. Und das, obwohl der Pfingstmontag kirchlich gesehen gar kein gebotener Feiertag ist! Drei Tage vor Pfingsten bekam ich einen Anruf aus dem Generalvikariat. Man habe in der Kirchenzeitung von einem ökumenischen Gottesdienst gelesen, den ich jedoch noch nicht beantragt habe. Dies solle ich jetzt schleunigst nachholen, damit wir mit Genehmigung beten könnten. Meine Gegenfrage war, was die Bistumsverwaltung denn mit meinem Antrag machen würde. Die Antwort lautete, der Antrag würde vorschriftsmäßig ausgedruckt und abgeheftet. »Bingo«, habe ich gedacht, »wer nur den lieben Gott verwaltet.« Ich habe dann ganz schnell per E-Mail den ökumenischen Gottesdienst beantragt, und zwar nicht nur für dieses eine Mal, sondern für immer. Ich bat um die Genehmigung eines ökumenischen Pfingstmontagsgottesdienstes für die kommenden Jahre »bis zur Wiedervereinigung der beiden großen Kirchen oder bis zur Wiederkunft Jesu Christi, je nachdem, was zuerst eintritt.« Wahrscheinlich wäre das ja die Wiederkunft Christi, mit der ja auch die Kirche in Vollendung überginge. Nur die katholische oder auch die evangelische? Der Antrag wurde genehmigt, allerdings nicht bis zur angedachten endzeitlichen Frist, sondern nur für ein Jahr. So darf ich weiterhin systemstützend Anträge schreiben, während das System Anträge genehmigt und damit Aktenschränke füllt. Was wären wir bloß ohne unsere Verwaltung? Ob Gott wohl Gebete erhört, die kirchenaufsichtlich nicht genehmigt sind?

2018 gab es Streit um die heilige Kommunion: Die katholischen Bischöfe wollten den konfessionsverbindenden Ehepaaren die gemeinsame Teilnahme an der Kommunion ermöglichen. Einige von ihnen hatten jedoch Bedenken und wandten sich an den Vatikan. Von diesem kam zunächst nur der Hinweis, man solle vor Ort eine einmütige Lösung finden. Dann hatte Rom gesprochen: Das Ganze sei doch eine weltkirchliche Angelegenheit und könne nicht allein auf Ebene einer Bischofskonferenz geregelt werden. Es war ein Trauerspiel. Auch die allerkleinsten Reformen werden im Keim erstickt. Und dabei wäre sehr viel zu tun, wenn die Kirche um ihrer Glaubwürdigkeit willen endlich in der Gegenwart ankommen möchte. Was in Rom mühsam diskutiert wird, ist vor Ort längst geklärt. In meiner Pfarrei gehen faktisch alle Getauften, die in ihrer Kirche zum Abendmahl zugelassen sind, zur Kommunion. Ich habe sie dazu nicht eingeladen, sie tun es einfach. Dafür, so sagen sie, muss man nicht in einer konfessionsverbindenden Ehe leben, sondern einfach Christ sein. Würde ich hier das Kirchenrecht durchsetzen wollen, könnte ich das Weite suchen. Da suche ich doch lieber gemeinsam mit allen Getauften – die Weite!

Die Gläubigen von heute sind eben keine gehorsamen Kinder am Gängelband der Hierarchie, sondern mündige Erwachsene. Sie tun, was ihnen ihr Gewissen sagt. Auf die meisten Bischöfe hört leider keiner mehr, dafür ist es wohl zu spät. Das Vertrauen muss erst zurückgewonnen werden. Jetzt kommt es darauf an, dass wir den Glauben selbst in die Hand nehmen, ihn verkünden, feiern und leben. Vielleicht im vorauseilenden Gehorsam. Wollen Christen heute wahrgenommen werden, sollten sie ihre innerkonfessionellen Streitigkeiten um der Sache Jesu willen beiseitelegen. Beide großen Konfessionen können aufeinander zugehen, ohne an Profil zu verlieren. Die katholische Kirche könnte ihr Sakramentenverständnis mehr an Jesus Christus und weniger an die Kirche binden; die evangelische Kirche könnte regelmäßiger das Abendmahl feiern und als Vorsteher nur wirklich ordinierte Pfarrerinnen und Pfarrer bestimmen. Dann wären wir schon weiter.

Im katholisch-binnenkirchlichen Klüngel jedoch herrscht eine ökumenefeindliche Sprache. Zwar beteuert man nach außen eine ökumenische Gesinnung, nach innen jedoch bangt man um seine katholischen Alleinstellungsmerkmale, besonders um die männerdominierte zölibatäre Hierarchie. Mir als eher reformfreudigen Christen hat schon so mancher Bischof gesagt: »Wenn du alles reformiert hast, von der Freistellung des Zölibats über die Synodalität der Kirchenleitung bis zur Priesterweihe für Frauen, dann bist du ja im Grunde genommen schon evangelisch. Sieh dich bei denen doch mal um, da ist überhaupt nichts mehr los, alles weichgekocht und langweilig, Kirche light, ohne Profil; da geht es uns doch immer noch besser.« So also sieht es in Wahrheit aus: Identität durch Abgrenzung. Man lässt alles, wie es ist, weil es woanders angeblich auch nicht besser läuft. Es ist zum Fremdschämen.

Der *eine* Hirte geht voran

Gute Hirten im Orient
laufen der Herde nicht voran –
sie gehen ihr hinterher!

Die Herde selbst hat einen guten Instinkt
für neue Weideplätze am frischen Wasser.
Nur schwache Tiere brauchen Betreuung.

Die guten Hirten wissen:
Die Herde muss in Bewegung bleiben,
muss ständig weiterziehen;
sonst frisst sie bald das Gras,
auf dem sie selbst gestanden hat
mit all den Rückständen, ungenießbar.

Die Hirten des Okzidents
gehen meistens voran.
Sie wollen bestimmen,
legen den Weg fest,
wissen, was als gut zu gelten hat.

Wie lange wird das noch gutgehen?
Wie lange macht die Herde das mit?
Wie viele kritische Schafe müssen verstummen
(wenn man sie nicht gleich schlachtet, unbeachtet),
damit die Herde schnell (noch schneller)
zur ersehnten kleinen Herde wird?

Kann es sein,
dass die Herde selbst den besten Riecher hat?
Dass sie selber weiß, wann sie weiter muss?
Und es ihr stinkt, auf der Stelle zu treten?
Wenn doch die Hirten mehr Zutrauen hätten!

Nur ein *Hirte geht voran: Jesus Christus.*
Mit ihm soll sich keiner der Hirten gleichsetzen.
Kein Oberhirte, kein Pastor.
Ihm, Jesus, muss jeder nachfolgen,
der selbst ein Teil der Herde ist.

Der eine *Hirte geht voran,*
die andern stellen sich hinten an!

So geht es aufwärts mit der Kirche (4)

- Theologische Erkenntnisse müssen in Verkündigung, Kirchen-leitung und Gemeinde wahr- und ernstgenommen werden.
- Seelsorge ist nicht nur Begleitung oder gar Betreuung, son-dern auch Bildung auf dem Weg zum erwachsenen Glauben.
- Die Sprache der Kirche muss einfacher, ehrlicher und ver-ständlicher werden. Dadurch gewinnen Verkündigung und Liturgie an Relevanz.
- Die Kirche braucht transparente, demokratische und syno-dale Strukturen. Die mittlerweile aufgeblähten kirchlichen Verwaltungsbehörden mit ihrem Hang zu Kontrolle und Zentralismus sollen Dienstleister sein und müssen sukzessive verschlankt werden.
- In der Ökumene fehlen konkrete Schritte, die über eine ver-söhnte Verschiedenheit hinausgehen. Dafür wird man dem Lehramt vorauseilen müssen.

Wo Schein und Sein auseinanderklaffen

Ideal und Wirklichkeit

Sie liegen miteinander im Dauerstreit: Ideal und Wirklichkeit. Die sich streitenden Hauptvertreter dieser Richtungen heißen Platon und Aristoteles, Augustinus und Thomas von Aquin, Ratzinger und Metz, Müller und Kasper, Woelki und Marx, Oster und Bode, Voderholzer und Wilmer. Man könnte die Liste beliebig erweitern. Die einen orientieren sich am Ideal der ewig gültigen Wahrheiten, die anderen sehen, dass es keine Dogmatik ohne Geschichte geben kann. In eine idealisierte Kirche passen nun einmal nur idealisierte Menschen; die konkrete Kirche jedoch besteht aus konkreten Menschen. Und wer die Menschen nicht zunächst so akzeptieren kann, wie sie sind, überfordert sich selbst und andere.

Ewige Wahrheiten oder konkrete Geschichte? Wenn Neuscholastiker die Realität in ihren Ideenhimmel zwingen wollen, tun sie dem konkreten Menschen Gewalt an. Selbstverständlich brauchen wir Ideale. Wer kein Ziel hat, geht nicht los und kommt nirgendwo an. Ein Ideal soll mich freundlich weiterleiten; wenn es mich jedoch überfordert, macht es krank. Ein hohes Ideal kann beide Seiten überfordern: Diejenigen, die es aufstellen, macht es womöglich zu selbstgerechten Richtern über andere oder gar zu Heuchlern, und denjenigen, die es nicht erreichen, nimmt es den Mut, es raubt einem die Nerven und beraubt einem seiner Würde. Deshalb ist es besser, das konkrete Leben der Menschen mitzubedenken, wenn es um die Lehre der Kirche geht. Das bedeutet nicht, allein der normativen Kraft des Faktischen zu gehorchen; es bedeutet aber, die Menschen ernst zu nehmen. Sie wünschen sich Seelsorge, nicht dogmatische Rechthaberei.

Gemeindefusionen: So bleibt die Kirche im Dorf

Auch die Gemeindestrukturreform hat mit dem Gerangel zwischen Ideal und Wirklichkeit, zwischen Angepassten und Reformern zu tun. Die Gemeindefusionen sind einem bestimmten Priesterbild geschuldet, nämlich dem klerikalen, und der sakramentalen Struktur der Kirche, die noch vorschreibt, dass nur der geweihte Priester eine Pfarrei leiten darf. Um dieses Priesterbild zu retten, lässt man Gemeinden sterben: Faktisch beschenkt man die Gemeinden mit dem Zölibat, den die meisten Christen ablehnen, und raubt ihnen dafür die heilige Eucharistie, auf die alle Christen ein göttlich verbrieftes Recht haben. Zudem bieten die durch den Priestermangel immer größer werdenden Pfarreien kaum mehr einen Beziehungsraum, in dem man arbeiten und vor allem leben kann. Den Menschen vor Ort jedoch ist diese Dogmatik völlig gleichgültig; sie interessieren sich nicht vorrangig für die sakramentale Struktur der Kirche oder das Weiheamt. Sie wünschen sich Seelsorge, persönliche Ansprache und Begleitung durch geistliche Persönlichkeiten, die wirklich Zeit für sie haben.

Den meisten unserer Bischöfe jedoch fehlt eine ausreichende Gemeindeerfahrung, einige wenige haben ihre Gemeindeerfahrung offenbar verdrängt. Sie kennen häufig nur die Universität, verschiedene binnenkirchliche Sonderaufgaben und den klerikalen Kathedralklüngel mit seinen Höflingen, deren Aufgabe es ist, sie vom realen Leben abzuschirmen. Sie müssten wissen, dass die Persönlichkeit eines Seelsorgers wichtiger ist als alle noch so professionell geregelten Zuständigkeiten innerhalb eines Pastoralteams. Immer mehr Priester, die große Gemeinden leiten müssen, brennen aus, emigrieren und gehen in die innere Kündigung. Sie werden einem bestimmten Ideal buchstäblich geopfert, ebenso wie ihre Gemeinden. Viel besser wäre es, überschaubare und kleine seelsorgliche Einheiten von anderen Berufsgruppen, von Pastoralreferent*innen, von zölibatären und verheirateten, männlichen und weiblichen, haupt- und nebenamtlichen Diakonen und Priestern leiten zu lassen. Auch Gott hat der Welt keine Verwaltungsstruktur, sondern ein Gesicht gegeben, das Hand und Fuß hatte.

Manche Gemeindefusionen und Kirchenschließungen waren zweifelsohne nötig. Wo aber aus Personalmangel kein Gottesdienst mehr stattfinden kann, verlieren auch die Beter den Mut. Sie fühlen sich verlassen und verlassen enttäuscht ihre Kirche. Zwar können sie auch ohne Priester beten, es muss nicht immer Messe sein. Die Eucharistiefeier aber hat landauf, landab noch einen hohen Stellenwert. Es wird leer, weil der Glaube, aber auch weil das Angebot schwindet. Glaubens- und Kirchenfragen bedingen einander. Meine Pfarrei in Münster hat die Fusion gut überstanden, auch das Umwidmen von einer der drei Kirchen war kein Problem. Mit der zweiten Kirchenschließung jedoch ist ein ganzes Milieu weggebrochen, weil das Wir-Gefühl dieser

Christen mit einem Mal kein Zuhause mehr finden konnte. In der jetzt großen Pfarrei und ihrer einzig übrig gebliebenen Kirche fühlen sich viele von ihnen offensichtlich nicht wohl, ja sie fühlen sich ausgeschlossen, weil dort ein ganz anderes Milieu tonangebend ist. Einfacher gesagt: Man hat die Armen buchstäblich vor die Tür gesetzt. Zwar wird ihre ehemalige Kirche gut für andere Zwecke genutzt, aber sie steht jetzt unübersehbar da als Zeichen des Rückzugs. Versuche der jetzigen Pfarrei, alternative Begegnungsangebote zu schaffen, erweisen sich als schwierig.

In letzter Zeit werden die neuen Großpfarreien dadurch schöngeredet, indem behauptet wird, die Menschen seien heute mobil und würden sich deshalb auch geistlich dort verorten, wo sie ein entsprechendes Angebot fänden. Die Ortspfarrei sei so gut wie tot, es müssten neue Zeiten und Orte geschaffen werden. Dem möchte ich widersprechen. Denn die Menschen leben auch heute in Wohnungen und brauchen eine Gemeinde in ihrer Nähe, gerade auch für die so wichtigen Feiern wie Taufe, Trauung und Beerdigung, die überhaupt dafür sorgen, dass so etwas wie Kirchenbindung entstehen kann. Die Kontinuität einer Gemeinde ist auch dann wichtig, wenn nur wenige aktiv daran Anteil haben. Sie ist da, das genügt. Gäbe es die Ortspfarrei nicht, wäre alles bald Event und damit völlig beliebig.

Die neue Aufgabe, die ich demnächst übernehme, besteht aus zwei Pfarreien, die nicht fusionieren werden. Mir kommt das sehr entgegen. Ich bin nicht der »nützliche Idiot«, der sich noch mehr Arbeit macht, sondern ich unterstütze das Engagement vor Ort. So bleibt die Kirche im Dorf.

Finanzen: Diözesen sind keine Königreiche

Mit den kirchlichen Behörden kann man sehr gut zusammenarbeiten. Es dauert zwar alles sehr lange, aber das ist einfach der
Tatsache geschuldet, dass Behörden komplizierte interne Abläufe, Zuständigkeiten und vor allem Hierarchien haben und
häufig nicht wie Dienstleister, also nach dem Subsidiaritäts-
prinzip, sondern wie allzuständige Befehlshaber auftreten und
handeln: Wer das Geld verteilt, hat die Macht. Die offiziellen
Finanzen und Haushalte scheinen korrekt geführt zu werden,
denn die kirchlichen Institutionen mit ihren vielen Mitarbeitern
brauchen eine verlässliche Finanzierung, allein die notwendige
Bereitstellung der Pensionen kostet ein Vermögen, hier ist alles
gut nachvollziehbar und seit einigen Jahren in den meisten Diözesen auch transparent. Mit der Kirchensteuer wird verantwortlich umgegangen, Finanzskandale wie in Limburg und Eichstätt
sind meines Wissens wirklich die Ausnahme. Ich bin froh, dass
der Kirchenvorstand meiner Pfarrei durch kompetente kirchliche Stellen beraten, begleitet und seine Haushaltsführung anschließend auch kontrolliert wird. Allein manche Bauvorhaben
der Diözesen hätten auch bescheidener ausfallen können, aber
man möchte hier sicher auch architektonisch und städtebaulich
Zeichen setzen.

Bleibt die Frage der Glaubwürdigkeit: Jeder Priester und Bischof
verspricht schon bei seiner Diakonenweihe neben dem Zölibat
einen einfachen Lebensstil und den (sehr verschieden inter-
pretierbaren) Gehorsam. Was den einfachen Lebensstil angeht,
so muss ich sagen: Obwohl ich sehr bewusst überlege, was ich
wirklich brauche, fehlt es mir an nichts; ich habe also keinen
Grund, auf irgendwen neidisch zu sein. Man lebt als Priester in

Deutschland finanziell abgesichert und beamtengleichgestellt, das Gehalt ist in etwa vergleichbar mit dem eines Studienrats. Gerade deshalb aber sage ich ebenso deutlich: Einem Bischof, der zwölftausend Euro im Monat verdient und ein Auto für über hunderttausend Euro fährt, glaube ich kein Wort, zumal wenn er im Grunde genommen wirkungslos bleibt, nur auftritt, nichts weiterbringt, für nichts eintritt, sich nur anpasst. Der Hildesheimer Bischof Heiner Wilmer jedenfalls bescheinigt seinen Amtsbrüdern, sie säßen für sein Empfinden »immer noch zu sehr auf einem hohen Ross«; ich ergänze: manchmal auch in einem aus Blech mit reichlich Pferdestärken.

Wer gut hinschaut, bemerkt: Je konservativer und menschenferner ein Bischof, desto teurer werden das Auto und der Lebensstil insgesamt. Das haben Angestellte eines Bildungshauses herausgefunden, die während der Bischofskonferenz eine genaue Liste mit Namen und Dienstwagen angelegt hatten. Es war in meiner Zeit als Geistlicher Rektor dieser Akademie, die Angestellten waren die Zivildienstleistenden, die sich daraus einen derben Spaß gemacht hatten. Die Spannweite bei den Dienstwagen reichte laut Zivi-Liste von Kamphaus bis Müller. Manchmal stellen sich Bischöfe einfach dumm und behaupten, sie kennten sich mit Geld und Autos nicht aus; manchmal hört man von einigen sehr lustige Begründungen, zum Beispiel dass die Chauffeure so teure Autos brauchten, damit sie untereinander konkurrieren könnten. Auch hier ist der Klerikalismus das Grundproblem, denn wer sich selbst auserwählt und erhaben fühlt, muss diese quasi magische Selbstüberforderung irgendwie kompensieren. Papst Franziskus jedenfalls lebt provozierend einfach. Er ist offenbar eine reife Persönlichkeit, die sich selbst relativieren kann und zumindest in seinen ersten Amtsjahren vor nichts und niemandem Angst hatte. Mittlerweile mehren sich jedoch die Stimmen, die sein Auftreten für eine geschickte und vor allem medienwirksame Inszenierung seiner sympathischen Persönlichkeit halten, die im Grunde alles beim Alten lässt. Er redet offen über alles, aber er ändert seit Jahren absolut nichts. Also wieder nur Rhetorik ohne Reformwillen, wieder nur der alte klerikale Kult um eine charismatische Amtsperson?

Die Zivildienstleistenden hatten im Rahmen der damaligen Bischofskonferenz übrigens noch weitere Kuriositäten gesammelt. So kamen die Bischöfe nicht in Fahrgemeinschaften, auch nicht von weit her, sondern einzeln, ebenso die Weihbischöfe. Die einfache Begründung war, dass man für die Chauffeure ein eigenes Programm ausgearbeitet hätte, das man nun niemandem wegnehmen wolle. Als ich einen ihrer Privatsekretäre fragte, welche Aufgabe sie denn hätten, bekam ich zur Antwort, dass die meisten keine konkrete Aufgabe hätten, es aber immer vorteilhaft sein könne, Kontakte zu knüpfen und damit »Vitamin B« zu generieren. Außerdem war das komplette Bildungshaus eigens renoviert worden. Die Pfarrkirche nebenan erhielt neue Sitzgelegenheiten, da die bisherigen für die geistlichen Gesäße als nicht ästhetisch genug angesehen wurden. Für die Vorbereitung der Gottesdienste war ich verantwortlich, der zuständige Weihbischof besorgte die Weine. Von denen gab es zu jeder Mahlzeit mehrere Sorten zur Auswahl, obwohl wir uns in der ersten Fastenwoche befanden. Seitdem weiß ich, was es bedeutet, Wasser zu predigen und Wein zu trinken. Da sich die Bischöfe untereinander offenbar nicht sonderlich gut verstanden, feierten einige von ihnen parallel zur morgendlichen Eucharistiefeier eine eigene heilige Messe. So mussten sie wenigstens nicht gemeinsam beten, wenn sie schon miteinander diskutieren sollten. Wie will man zur Einheit zusammenfinden, wenn die tiefen Gräben schon am Altar beginnen?

Es liegt mir völlig fern, unsere Bischöfe vorzuführen oder gar lächerlich zu machen. Dafür schätze ich einige von ihnen viel zu sehr. Aber ich habe das, was ich hier schreibe, wirklich so erlebt. Es klingt für mich noch heute nicht nur skurril, sondern geradezu surreal, ich mag es selbst kaum glauben. Das monarchische Bischofsamt jedenfalls bedarf einer Überprüfung, denn so wie jetzt kann und darf und wird es nicht weitergehen. Diözesen sind sicher mehr als Verwaltungseinheiten (das Zweite Vatikanische Konzil sprach von Ortskirchen, der Vatikan heute spricht geschickterweise nur noch von Teilkirchen) – Königreiche sind sie jedenfalls nicht. Dass sich manche Bischöfe wie kleine Könige aufführen, zeigt den Anachronismus und die Absurdität klerikaler Machtausübung. Gott befindet sich nicht im Besitz der Kirche und die Kirche gehört nicht allein den Bischöfen. Sie ist unser aller Kirche, auch meine. Und ich lasse mir meine Kirche nicht kaputtmachen, auch nicht von manchen Bischöfen, die sich hinter einer Wagenburg aus Angst und Überheblichkeit verschanzen, in einer Parallelwelt aus Beschwichtigungen und Wortgeklingel.

Wiederverheiratete Geschiedene: Der Standpunkt der Selbstgerechten

Ewige Wahrheiten oder konkrete Geschichte? In diesem Spannungsfeld befindet sich das Thema Ehe und Familie. Eher progressive Kirchenleute betonen völlig zurecht die Sakramentalität der Ehe, berücksichtigen andererseits aber das konkrete Leben der Menschen, in dem es eben auch Scheitern

125

gibt. Die Kirche müsse die Menschen, die sich haben scheiden lassen und dann wieder heiraten, begleiten und ihnen Alternativen anbieten, damit sie nicht aus der Kommunion- und damit aus der vollen Kirchengemeinschaft herausfallen. Dagegen formieren sich immer wieder konservativere Kräfte. Unwillkürlich denke ich an das Apostelkonzil (vgl. Apg 15, Gal 2), in dem Paulus weltoffen-liberal auftritt, Jakobus rückwärtsgewandt-konservativ, und Petrus – nach einigem Herumlavieren, weswegen er von Paulus gemaßregelt wird – kompromissbereit. Interessant: Ohne Paulus wäre die Kirche eine kleine Sekte geblieben, die wohl längst in Vergessenheit geraten wäre. Heute sind viele ängstlich-konservative Kirchenfürsten dafür verantwortlich, dass die Kirche wieder ins Ghetto geht, in eine gesellschaftlich gesehen bedeutungslose Nische.

Die konservativen Kräfte sagen: Was die Unauflöslichkeit der Ehe angeht, so gilt das Wort Jesu. Dieser habe das Gesetz des Mose eindeutig radikalisiert und ein absolutes Scheidungs- und Wiederverheiratungsgebot erlassen (Mt 5,32). Jesus sagt: »Was Gott verbunden hat, das darf der Mensch nicht trennen« (Mk 10,9). Allerdings lesen wir auch die Einschränkung: »Wenn kein Fall von Unzucht (*porneia*) vorliegt« (Mt 5,32). Wenn also ein Ehepartner betrogen worden ist, muss man ihn dann auf sein Jawort buchstäblich festnageln? Muss man ihm nicht die Freiheit zugestehen, wenn die Ehe endgültig gescheitert ist, mit einem anderen, treuen Partner durchs Leben gehen zu dürfen? Darf man, anders gewendet, Ehepartnern, die aneinander schuldig geworden sind, ihre Schuld ein Leben lang – und noch dazu öffentlich – nachtragen? Wäre es nicht viel biblischer, weil barmherziger, eine neue Ehe zuzulassen? Schließlich sind die Bischöfe bei der Auslegung anderer Jesusworte sehr viel großzügiger, nämlich dort, wo es um ihre eigene Macht und Autorität geht. So dürfte es wegen Mt 5,34 keinen Amtseid geben, auch die vielen klerikalen Eitelkeiten dürften mit Mt 23,8-12 eigentlich längst vergessen sein.

In den Orthodoxen Kirchen gibt es für den Fall, dass eine Ehe gescheitert ist, eine Praxis der Barmherzigkeit, über die neue Ehe wird doch zumindest ein Segen gesprochen. Gute und verantwortungsvolle römisch-katholische Seelsorger praktizieren dies schon seit Langem, wenn auch nur in Seitenkapellen und Hinterzimmern, laufen dabei aber Gefahr, gemaßregelt zu werden.

Den Bischöfen als den Nachfolgern der Apostel ist die Binde- und Lösegewalt übertragen worden (vgl. Mt 16,19; 18,18). Diese beinhaltet ihre Pflicht, die Lehre der Kirche zu verändern, wenn dies die gesellschaftlichen Rahmenbedingungen erforderlich machen. Beim Scheidungsverbot Jesu (vgl. Mt 5,32) ging es ursprünglich um den Schutz der Frau. Auch die in Mt 18,17 angesprochene Exkommunikation hatte die Wiederaufnahme des Sünders zum Ziel, nicht dessen öffentliche Herabwürdigung. Heute sind – zum Glück! – nicht mehr alle Frauen und Männer allein aus wirtschaftlichen Gründen gezwungen, in einer unerträglichen Ehe auszuharren. Liebe und Abhängigkeit passen nicht zusammen, denn Liebe gibt es nur in Freiheit. Und nur in Freiheit kann die Liebe von Menschen ein Zeichen der Liebe Gottes sein: ein Sakrament!

Manchem idealisierenden Kleriker jedoch verschafft es offenbar eine gewisse Befriedigung, vom Standpunkt des Selbstgerechten auf diejenigen herabzuschauen, die im Licht der reinen Lehre zu den angeblich Gescheiterten gehören. Die reine Lehre wird dabei nur instrumentalisiert, um sich selbst ins rechte Licht zu setzen. Im Neuen Testament heißen diese Leute Schriftgelehrte und Pharisäer. Als sie Jesus dem Tod auslieferten, hatten sie das sehr fromme Gefühl, Gott damit einen heiligen Dienst zu erweisen. Denn sie hatten denjenigen, der sich mit Zöllnern und Sündern an einen Tisch gesetzt, also die Grenzen des Erlaubten überschritten hatte, im Namen ihrer damaligen reinen Lehre formaljuristisch völlig korrekt verurteilt. Man verzeihe mir diesen Zynismus, aber er drängt sich geradezu auf.

Ich habe den Eindruck: Worum es manchem Konservativen in Rom und anderswo wirklich geht, ist gar nicht so sehr die Wahrheit Gottes, als vielmehr die eigene Macht. Nachdem die Kirche im Laufe der Jahrhunderte fast alle weltliche Macht verloren hatte, hat sie ihre geistliche Macht bis fast ins Unermessliche zu steigern versucht, vor allem durch die Betonung der Individual- und der Sexualmoral, bei der man sich sogar in eine gewisse detailverliebte, stark normierte Unterleibstheologie verstrickt hatte, die durchaus Rückschlüsse auf die psychische Verfasstheit und die sexuelle Phantasie ihrer Urheber zulässt. Der absolute Gipfel (im Doppelsinn des Wortes) dieser anmaßenden geistlichen Macht war übrigens das Dogma von der Unfehlbarkeit des Papstes, ein quasi ins Pathologische hin übersteigerter Klerikalismus; psychologisch betrachtet eine kindische Trotzreaktion auf den Verlust weltlicher Macht.

Seit *Humanae Vitae* beansprucht Rom die alleinige Hoheit über die Individualmoral – unter Missachtung der Kollegialität der Bischöfe und der pastoralen Situation verschiedener Teile der Weltkirche. Dies sollte mit Papst Franziskus, der immer wieder die Kollegialität und die Eigenverantwortung der Ortskirchen einfordert, längst anders geworden sein. Seit *Humanae Vitae* werden das Gewissen und die Verantwortung der Eheleute weit weniger betont als deren Unterwerfung unter die Lehre der Kirche. Wer heute noch ewige, zeitlose Wahrheiten verkündet, wer das Leben der Menschen in die reine Lehre zwingen oder ihnen allzu viele Detailvorschriften machen will, geht nicht nur an der Realität vorbei; er beansprucht vielmehr eine Macht über die Seelen der Menschen, die niemandem guttut.

Schade, dass man den *Kairos* längst hat verstreichen lassen: Selbst wenn Rom beispielsweise den wiederverheirateten Geschiedenen die Kommunion- und damit die volle Kirchengemeinschaft gewähren würde – der Zug ist für viele längst abgefahren, es ist zu spät, denn aus Enttäuschung über ihren Dogmatismus und Moralismus haben viele die Kirche schon verlassen. Dem überwiegenden Teil des sogenannten »Kirchenvolkes« ist es mittlerweile völlig gleichgültig, was die Bischöfe und andere Amtsträger denken, denn offenbar ist es diesen Klerikern ja auch schon seit Jahrzehnten egal, was das Kirchenvolk denkt. Die Entfremdung ist eklatant und nicht mehr zu heilen. Im Moment wendet sich das Blatt, was vor allem an einigen jüngeren Bischöfen liegt, die durch ihre Offenheit auffallen und Mut machen. Die anderen lavieren hin und her oder verharren weltfern wie eh und je.

Klerikalismus: Die katholische Ursünde

Die Ursünde des Menschen ist: sein wollen wie Gott. Die Ursünde der Kirche ist der Klerikalismus, denn hier maßen sich Menschen im Grunde genommen dasselbe an, indem sie zwar nicht Gott, aber doch zumindest seine Stellvertreter oder Repräsentanten sein wollen und dabei so tun, als würden sie – und nur sie – seinen Willen genau kennen. Tatsächlich: Das eigentliche Problem der Kirche ist der Klerikalismus. Klerikal ist dabei nicht eine bestimmte Theologie oder Kleidung, sondern ein autoritärer, paternalistischer Umgang mit Macht, ein in der Postmoderne geradezu lächerlich wirkendes absolutistisch-monarchisches Auftreten sowie ein an Schamanen erinnerndes magisches Erwählungs- und Sendungsbewusstsein.

Männerbündische Seilschaften pflegen ihren Korpsgeist und maßen sich an, ganz allein das Wissen und das Recht zu besitzen, über andere Menschen befinden zu können. Dabei stecken sie selbst voller Unwahrhaftigkeiten und Heuchelei. Ihnen sagt Jesus: »Blinde Führer seid ihr«, und: »Ihr seid wie die Gräber, die nach außen weiß angestrichen sind und schön aussehen; innen aber sind sie voll Knochen, Schmutz und Verwesung« (Mt 23,24.27). Papst Franziskus meinte dazu: »Der Traum Gottes kollidiert stets mit der Heuchelei einiger seiner Diener.« Weil sie »den Menschen schwere Lasten aufbürden, aber selber keinen Finger rühren, um die Lasten zu tragen« (Mt 23,4). Sie predigen Wasser und trinken ziemlich guten Wein.

Was sind Gründe für Klerikalismus? Zumeist unreife und angstbesetzte Religiosität. Wo eine Gemeinde oder eine Diözese ihren Leiter als skurrilen Schamanen erlebt und sogar akzeptiert (Klerikalismus von unten) und wo ein Geweihter sich selbst von den sogenannten »Laien« abgrenzen muss, um seine wankende Identität zu stärken oder gar die eigene Unsicherheit zu verstecken (Klerikalismus von oben), entstehen Misstrauen und Angst.

Ein solch klerikales Amtsverständnis, das nicht biblisch-christlich, sondern eher archaisch-magisch daherkommt, ist meines Erachtens das Hauptübel in der katholischen Kirche. Die Sakralisierung des Amtes, seine spirituelle Überhöhung im Sinne einer religiöser Mittlerschaft überfordert den jeweiligen Amtsträger maßlos und ist letzten Endes Ursache vieler weiterer menschlicher Katastrophen. Das sogenannte »ontologische« (»seinsmäßige«) Amtsverständnis hat gegenüber dem eher funktionalen den Nachteil, dass es dem heidnischen Kultpriester zum Verwechseln ähnlich sieht, der große Hang zum Numinosen, der darin liegt, ist nun einmal nicht christlich, auch wenn manche Traditionalisten dies bedauern mögen.

Autorität gewinnt ein Mensch ausschließlich durch seinen Charakter, seine Haltungen und Werte, seinen wertschätzenden Umgang mit Menschen sowie seine fachliche Kompetenz. Wer jedoch allein aufgrund seines Amtes Autorität beansprucht, wird menschlich scheitern. Wer nicht argumentieren und andere in seine Überlegungen mit einbeziehen kann, wer nicht kritik- und damit korrekturfähig ist, sollte kein Leitungsamt anstreben.

In vielen Kirchengemeinden und manchen Diözesen habe ich es so erlebt: skurrile einsame Entscheidungen, Angst vor einem Dialog auf Augenhöhe, Unberechenbarkeit aufgrund von Machtgehabe und Willkür, Pfarrherren als allzuständige Überväter, Profilierung und Spiritualisierung des Klerus durch plumpe Abwertung anderer pastoraler Berufe und Berufungen. Solche Kleriker können nicht mehr zuhören, sie reden ständig von sich selbst, konkurrieren miteinander über theologische Spitzfindigkeiten und spielen einander spirituelle Tiefe vor. Klerikal ist dabei übrigens nicht deckungsgleich mit konservativ, die konservativen Kleriker sind nur eindeutiger an ihrem Auftreten und ihrer Theologie zu identifizieren. Es gibt genauso viele progressive Amtsträger im modernen Outfit, die zwar keine Väter mehr sein wollen, aber doch nur so lange von Geschwisterlichkeit reden, wie sie selbst zumindest die großen Brüder bleiben.

Klerikalismus führt zu Egomanie und bisweilen sogar zu Narzissmus, zu aufwendigem Lebensstil inklusive Anfälligkeit für Gefälligkeiten, ganz zu schweigen von den Männerbünden und Kartellen aalglatter Karrieristen. Man verliert darin zuerst den Überblick und dann sich selbst. Man wird offen lassen müssen, ob klerikale Amtsträger automatisch autoritär werden, oder ob unreife Persönlichkeiten eine besondere Affinität zum kirchlichen Leitungsamt haben. Eindeutig ist, dass die klerikale Selbstüberschätzung dazu führt, sich selbst mehr zuzutrauen, als man wirklich kann. Solche Amtsträger können dann häufig nicht delegieren, sie fühlen sich für alles zuständig und vor allem auch kompetent, es muss alles über ihren Tisch laufen. Damit machen sie andere klein und sich selbst lächerlich. Das dadurch gesäte Misstrauen den Mitarbeiterinnen und Mitarbeitern gegenüber vergiftet den Teamgeist, bis der Leiter ganz einsam ist, von allen guten Geistern verlassen.

Dabei habe ich die Erfahrung gemacht, dass es ungemein befreiend sein kann, abzugeben, zu delegieren, sich selbst nicht zu wichtig zu nehmen. Befreiend war und ist für mich die Erkenntnis, dass der Amtsträger nur Darsteller und Repräsentant ist, nicht jedoch Stellvertreter Gottes oder herausgehobener Chef. Als entlarvend empfand ich in diesem Zusammenhang die psychologische Erkenntnis, dass jede Art von Autoritarismus persönlichen Minderwertigkeitsgefühlen entspringt. Wie mögen angesichts dessen manche Bischöfe und Priester in ihrem Innern sein? Muss man sich etwa autoritär geben, weil man innerlich ganz klein und ängstlich ist? Wie mag die Gottesbeziehung solcher Menschen in ihrem tiefsten Kern wirklich aussehen? Meine Erfahrung ist: Wer sich von Gott geliebt weiß, kann lieben. Er hat nichts zu befürchten und nichts zu verlieren. Er muss nicht auf seine Autorität pochen, weil er demütig genug ist, zu wissen: Ich bin von innen sowieso viel kleiner als von außen. Dadurch gewinnt er an Autorität, an natürlicher Autorität.

Eine Szene aus meinen ersten Berufsjahren ist mir besonders in Erinnerung geblieben. Ich habe damals in einer anderen Diözese Urlaubsvertretung gemacht. In der Gemeinde war der zuständige Bischof zu Gast, den ich freundlich begrüßt und dann allen Gottesdienstfeiernden vorgestellt habe, indem ich sein Amt und den bürgerlichen Namen nannte. Hinterher wies er mich zurecht und sagte: »Damit das ein für alle Mal klar ist: Ich heiße nicht Bischof Dr. Meyer, sondern Bischof Kevin«. (Namen geändert) »Ach so«, habe ich geantwortet, »Sie sind ja ein Monarch und gehören damit zum Hochadel. Adelige haben keinen Nach-, sondern nur einen Vornamen: Queen Elisabeth und Prinz Charles zum Beispiel. Das tut mir leid, ich bin demokratisch erzogen worden.« Ich glaube, er hat mir diese kleine Frechheit übelgenommen. »Und außerdem«, hob er nochmals an, »bin ich hier nicht zu Gast. Ich bin der Hausherr!« Noch einmal nahm ich mir das letzte Wort: »Entschuldigen Sie bitte, ich dachte bisher, das wäre Jesus.«

Meistens wird der Klerikalismus den Klerikern in die Schuhe geschoben, sie sind an allem schuld. Der Klerikalismus von unten ist aber meines Erachtens ein ebenso großes Übel in der katholischen Kirche. Das Zweite Vatikanische Konzil hat zwar ähnlich wie Martin Luther fünfhundert Jahre zuvor das gemeinsame Priestertum wiederentdeckt (vgl. 1 Petr 2,4–10). Danach sind alle Christen berufen, kraft Taufe und Firmung Kirche und Welt mitzugestalten, sie haben also eine allgemeine, grundlegende Berufung und Sendung als Gemeinschaft. Von dieser Berufung und Sendung heißt es, sie sei von derjenigen der geweihten Amtsträger wesentlich und nicht nur graduell zu unterscheiden (Zweites Vatikanisches Konzil, *Lumen Gentium* 10). Das geweihte Priestertum soll dem Gemeinsamen dienen, es soll ein Miteinander sein, Hierarchie wird nur im Sinne der Bewahrung des heiligen Ursprungs gedacht, nicht im Sinne von Herrschaft. Mit diesem gemeinsamen Priestertum aber, so scheint mir, hat es noch nie geklappt. Die Christen an der Basis schauen viel zu sehr nach oben, die Kleriker bilden einen eigenen Klüngel. Das Handeln der Kleriker an den Laien wird häufig als Seelsorge, das Handeln der Christen in der Welt als Pastoral bezeichnet. In den meisten Gemeinden jedoch wird nach Seelsorge gefragt, nicht an der Pastoral mitgewirkt. Man möchte, wenn es wirklich ernst wird, möglichst mit dem »Chef« sprechen, also mit dem jeweils verfügbaren ranghöchsten Kleriker. Hauptamtliche Laien werden als zweitrangig angesehen, quasi als Vertreter, nicht als eigenständige Seelsorger. Solange noch dieses Denken an der Basis herrscht, wird die Kirche auch von der Basis her klerikal bleiben. Der Grund ist wieder der archaisch-magische Kinderglaube, über den die meisten Christen nicht hinausgekommen sind: Nur unmündige Kinder brauchen Väter, erwachsene Christen haben Geschwister; nur wer noch keine eigene Identität entwickeln konnte, braucht die Autorität anderer. Der Klerus steht immer noch auf einem Sockel, gebaut von unmündig gebliebenen und sicherlich manchmal auch unmündig gehaltenen Getauften. In meiner Pfarrei suchen viele den Kontakt zu mir als dem leitenden

Pfarrer, und das selbst in Angelegenheiten, die man auch untereinander regeln oder im Sekretariat klären könnte. Klerikalismus von unten ist anstrengend, auch für Amtsträger, Seelsorger.

Frauen im geistlichen Amt: Die Macht der ängstlichen Männer

Dieses Thema ist kirchenpolitisch etwas heikel, aber gerade deshalb sehr zentral. Schon kurz nach dem Studium, im Diakonat, habe ich dazu Vorträge gehalten und Veranstaltungen moderiert. Denn ohne die völlige Gleichstellung der Frau auch in allen Weihe- und Leitungsämtern wird die Kirche das Evangelium nicht mehr glaubwürdig verkündigen können! Wer heute noch gegen die Gleichberechtigung der Frau ist, aus welchen Gründen auch immer, hat den Anschluss an die moderne Welt endgültig verpasst. Das geistliche Amt ist kein Recht, sondern ein Dienst – für Frauen und Männer gleichermaßen. Niemand hat also ein Recht auf ein Amt in der Kirche. Mir ist daran gelegen, von einer verantworteten Kirchentheologie her zu argumentieren. Gerade dann aber ist zu sagen: Die Kirche braucht die Frauen in allen Bereichen, also auch im geistlichen Amt!

Das Weihesakrament wird den Frauen nach wie vor verwehrt, und zwar aus Gründen, die leicht zu widerlegen sind. Auf Frauengestalten wie Maria, die Mutter Jesu, oder auf Maria Magdalena, die erste Auferstehungszeugin und von daher auch Apostelin, muss ich hier nicht eingehen. Auch nicht darauf, dass Jesus einen völlig anderen, neuen Umgang mit Frauen gepflegt hat und damit seiner patriarchalen Tradition und Umwelt weit voraus war. All das ist gut und wichtig, aber für die Begründung des Weiheamtes für Frauen unerheblich. Denn das Weiheamt lässt sich in keiner Weise direkt auf Jesus zurückführen. Jesus hat tatsächlich kein Priesteramt für Frauen gestiftet, aber eben auch keines für Männer. Manchmal wird noch angeführt, dass es in der frühen Kirche das Amt der Diakonin gegeben hätte, was auch richtig ist. Ich möchte dennoch grundlegender argumentieren. Denn die Ablehnung des Weiheamtes für Frauen ist nichts weiter als eine uralte religiöse Ideologie innerhalb der kollektiven Sexualneurose der Kirche in unheiliger Allianz mit der Macht der Männer.

Frau und Mann sind gemeinsam Ebenbild Gottes. In Jesus Christus ist Gott vor allem Mensch geworden, nicht zuerst Mann. »Gott bin ich, nicht ein Mann« heißt es wörtlich beim Propheten Hosea (Hos 11,9). Auf Druck der Bischöfe heißt es in der neuen Einheitsübersetzung dennoch: »Gott bin ich, nicht ein Mensch«, der alte Patriarchalismus schlägt mal wieder voll durch. Für Paulus gibt es weder Mann noch Frau, denn alle sind eins in Christus (Gal 3,28). Im Grunde genommen gibt es keinen schöneren Text über die Würde der Frau als das Apostolische Schreiben *Mulieris dignitatem* von Papst Johannes Paul II. aus dem Jahr 1988. Derselbe Papst hat aber am 22. Mai 1994 – zufälligerweise der Tag meiner Priesterweihe, Frauen demonstrierten damals vor dem Dom, nicht gegen die Priesterweihe, sondern für die Gleichstellung der Frau – im Apostolischen Schreiben *Ordinatio sacerdotalis* endgültig erklärt, dass Frauen nicht Priesterin werden könnten. »*Roma locuta, causa finita*«, die alte Basta-Politik, als wenn Lehraussagen für alle Zeiten unabänderlich wären. Von wegen!

Von der Bibel her wird behauptet: Jesus hat zwölf jüdische Männer zu Aposteln berufen. Würde man die Apostel als Argument für die ausschließliche Weihe von Männern nehmen, so dürfte es heute weltweit nur zwölf Bischöfe geben, die vormals Juden (und womöglich auch noch Fischer) gewesen sein müssten. Man hat also schon bald sämtliche biblischen Voraussetzungen (Anzahl, Herkunft, Beruf) aufgegeben und dafür umso vehementer am Geschlecht der Amtsträger festgehalten. Oder: Vor einiger Zeit behauptete ein Bischof, man könne Frauen nicht weihen, weil im Abendmahlssaal nur Männer gewesen seien. Eine solche Aussage ist ein dickes Eigentor, denn mit diesem Argument müsste man alle Frauen von der heiligen Kommunion ausschließen.

Von der Dogmatik her sagt man: Der Mann Jesus kann liturgisch nur von einem Mann repräsentiert werden, nur ein männlicher Priester könne glaubhaft *in persona Christi* handeln, also Christus als das Haupt der Kirche und den Herrn der Gemeinde darstellen. Gegen diese Ansicht drängt sich die Frage auf, ob eigentlich das Geschlecht oder nicht vielmehr die Weihe zur Christusrepräsentation befähigt. Von einer bestimmten Anthropologie her schließlich wird gesagt: Männer und Frauen sind nun einmal verschieden, von ihrer Natur her sei die Frau die Empfangende. Wer diese Analogie weiterspinnt, müsste Sakramentenspendung und Gemeindeleitung adäquat als Zeugung deklarieren, womit selbst die männlich-klerikale Phantasie überfordert sein dürfte. Alles in allem ein ziemlicher Nonsens, an ideologischen Haaren herbeigezogen.

Was also spricht eigentlich noch gegen das Priesteramt der Frau? Meiner Meinung nach sind es ausschließlich sozial- und individualpsychologische patriarchale Vorprägungen, überkommene Vorstellungen von der weiblichen Sexualität sowie die aus der Frühzeit der Religionen stammende angebliche Unvereinbarkeit von Frau und Kult. Letzten Endes ist die Frauenweihe vor allem eine Machtfrage. Mit Theologie oder dem Christentum an sich hat das Ganze überhaupt nichts zu tun, ganz im Gegenteil: In der Frauenfrage sind die Vorstellungen und Ängste in vielen katholischen Männerhirnen fundamentalistischen Religionsformen erschreckend ähnlich, sie äußern sich nur sehr viel leiser und subtiler. In Kreisen konservativer Kleriker jedenfalls herrscht oft eine chauvinistische Unkultur und Binnensprache.

Vielleicht wird man wegen der Gefahr einer Kirchenspaltung die Weihe von Frauen noch nicht weltweit einführen, denn in vielen Ländern herrschen nach wie vor die Männer, auch religiös. Man darf sich jedoch keinesfalls mit dem kulturellen *Status Quo* zufriedengeben. Würde die katholische Kirche weltweit Frauen zu Priesterinnen weihen, so wäre dies eine Aufwertung der Frau gerade in den patriarchalen Kulturen, es wäre ein Dienst an der gesamten Menschheit, ein Quantensprung in der Menschenwürde und eine rasante Beschleunigung des globalen Emanzipationsprozesses. Dennoch sind und bleiben Kulturen verschieden, man wird also zunächst regionale Lösungen auf Ebene der Bischofskonferenzen finden müssen, weg von einer zentralistisch-monolithischen, hin zu einer polyzentrischen Weltkirche. Der Kern ist das Evangelium, nicht der Vatikan; die Mitte ist Jesus, nicht das Kirchenrecht. Wer zu spät kommt, den wird immerhin die Hälfte der Christenheit und der überwiegende Teil der kirchlich Engagierten irgendwann dafür bestrafen. Wenn nämlich die Frauen endgültig ihre Geduld verlieren und die Kirche verlassen werden. Was das Thema Frauenweihe angeht, so hoffe ich, dass nicht alle klugen und selbstbewussten Frauen aus der Kirche auswandern, weil sie sich unterdrückt oder doch zumindest nicht repräsentiert fühlen. Obwohl ich, ehrlich gesagt, Verständnis dafür hätte.

Papst Johannes Paul II. hat 1994 die Unmöglichkeit einer Priesterweihe von Frauen bekräftigt, und zwar »endgültig«. Sein Schreiben ist aber kein Dogma, weil es keine Glaubens- und Sittenfrage berührt. Es wird nur von einigen ängstlichen Amtsträgern, die das Thema nicht für opportun oder karriereförderlich halten und die ihre Vernunft bereits auf dem Altar eines kindlichen Gehorsams geopfert haben, in die Nähe eines Dogmas gerückt. Eine Lehraussage kann nicht als unfehlbar gelten, wenn sich deren Argumente als fehlerhaft herausgestellt haben. Außerdem wird nicht deutlich, ob der Papst keine Vollmacht hat, Frauen zu Priestern zu weihen, oder ob er seine Vollmacht nur nicht gebrauchen will. Das zugrunde liegende Dogmenverständnis soll nur den Anschein erwecken, die Kirche habe eine alte Tradition zu bewahren, in Wirklichkeit handelt es sich um einen postmodernen Antimodernismus, um eine erfundene Tradition. »Wer keine Argumente hat, erlässt ein Diskussionsverbot«, sagte ein Priester – selbstverständlich lange vor seiner eigenen Bischofsweihe. Als Bischof hat er sich dann zunächst systemkonform gegen die Weihe von Frauen ausgesprochen; mittlerweile, vor dem Hintergrund der *MHG-Studie* zur sexuellen Gewalt und anderer Lebensereignisse, redet er wieder anders, offen und modern. Ich finde das gut, aber dieser ständige Meinungswechsel macht mich auch nachdenklich. Ich meine: Wer an einen Gott glaubt, der eine frauenfeindliche, männerdominierte und zölibatäre Hierarchie gewollt haben soll, der kann genauso gut an den Osterhasen glauben.

Neuerdings wird häufig angeführt, dass Frauen inzwischen viele leitende Funktionen in Generalvikariaten und an Hochschulen übernommen hätten, man traue ihnen also mit Ausnahme des Weiheamtes so ziemlich alles zu. Das jedoch ist bloß diplomatisches Gesäusel, denn Frauen zu loben, statt sie zu weihen, bleibt letzten Endes patriarchal und paternalistisch. Es ist eine billige Masche, die Macht der Männer zu erhalten, denn die Frauen arbeiten ja nur am Gängelband einer nach wie vor männlichen Hierarchie, sie bleiben stets abhängig von der Gnade ihres klerikalen Dienstvorgesetzten.

In meiner Münsteraner Pfarrei haben sich deshalb Frauen zur Initiative *Maria 2.0* zusammengefunden, die angesichts von Männerbünden und Schweigekartellen, die zur Vertuschung von sexuellem Missbrauch mit beigetragen haben, gleiche Würde und gleiche Rechte für Frauen und Männer in der Kirche einfordern. Mehrere Frauenorden und Verbände haben sich ihrem Anliegen begeistert angeschlossen. Dass sie dazu aufgerufen haben, die Kirche eine Woche lang zu bestreiken, war Anlass für kontroverse Diskussionen und manche Anfeindung. Es zeigt aber, dass es in der Frauenfrage fünf vor zwölf ist und das Thema nicht mehr aufgeschoben werden darf. Der Kirchenstreik im Mai 2019 war übrigens aus meiner Sicht kein spaltendes, sondern ein wirklich sehr glaubwürdiges Ereignis, mehr ein prophetisches Zeichen als ein Streik. Denn die Frauen haben vor der Kirche gebetet und gesungen, bestreikt wurde der Gottesdienst wie jeden Sonntag von über neunzig Prozent der Christen. Vertreter der Bistumsleitungen ließen sich jedoch nur vereinzelt blicken, nur wenige waren zum Gespräch bereit, nur einzelne Bischöfe äußerten den Frauen gegenüber Verständnis. Die typisch klerikale Allianz von Macht und Angst führt fast immer zu Dialogverweigerung. Offenbar will man das Thema aussitzen, Ignoranz ist ein scharfes Schwert. Dennoch ist ein Anfang gemacht, viele Frauen und auch Männer haben endlich keine Angst mehr, deutlich ihre Meinung zu sagen. Danke, »*Maria 2.0*«! Mein Bischof hat das Ganze zunächst gründlich missverstanden und betont, Maria brauche »kein Update«, am Ende hat er den Frauen dann doch aufmerksam zugehört. Chapeau!

Zölibat und Priesterbild: Prozession um das Goldene Kalb

Auch beim Thema Pflichtzölibat geht es letztlich um die Macht der Männer und das Fernhalten des anderen Geschlechts. Denn die Argumente für den Pflichtzölibat sind längst widerlegt. Auch hier gibt es hohe, überfordernde Ideale, die der Wirklichkeit nicht standhalten. Die Ideale sind: Leben wie Jesus oder Paulus, ehelos um des Himmelreiches willen, Gottes Liebe darstellen, den Himmel offen halten oder einfach für die Menschen verfügbar sein; es gibt *eschatologische* (von der Vollendung der Welt her gedachte), *ekklesiologische* (kirchentheologische) und pragmatische Begründungsversuche.

Man muss diese Ideale aus der Geschichte heraus verstehen. Im vierten Jahrhundert wurde das Christentum Staatsreligion. Als Antwort auf die damit verbundene Vormachtstellung und Verbürgerlichung der Kirche verstand sich die Mönchsbewegung der Wüstenväter. Die selbst gewählte Ehelosigkeit war also ursprünglich ein provozierendes Zeichen innerer Unabhängigkeit und Freiheit. Nach dem Untergang der Antike und der Inkulturation ins Germanentum erschien der Priester jedoch wieder ganz archaisch als »Gottesmann mit reinen Händen«, Sexualität und Kult galten als unvereinbar. Erst das Zweite Laterankonzil

(1139) formulierte den Pflichtzölibat, und zwar wegen der angeblichen Unvereinbarkeit von Ehebett und Altar. Im Hintergrund standen aber auch ganz weltliche Berechnungen. Denn wenn Priester und Bischöfe keine Kinder haben, können zum Beispiel die Kirchenpfründe beisammenbleiben und nicht vererbt werden. Wenn es auch hehrere Gründe geben mag, so spielt letztlich doch die Macht eine entscheidende Rolle.

Die protestantischen Kirchen haben den Zölibat für eine asketische und schöpfungswidrige Selbsterlösungsmethode gehalten und von daher konsequent abgelehnt. Während des Zweiten Vatikanischen Konzils erhofften sich viele auch in der katholischen Kirche eine Freistellung des Zölibats, die jeweiligen Päpste haben aber auf und nach dem Konzil jegliche Diskussion darüber unterdrückt. »Ihr gebt Gottes Gebot preis und haltet euch an die Überlieferung der Menschen« (Mk 7,8), stellte schon Jesus gegenüber den Pharisäern und Schriftgelehrten fest.

Tatsächlich kann man den Pflichtzölibat nicht mehr vernünftig begründen. Die kultisch-asketisch motivierte Enthaltsamkeit, die es in allen archaischen Kulturen und Religionen gibt, ist gottlob einer besseren Bewertung der Sexualität gewichen. Die Spiritualität, so leben zu wollen wie Jesus oder Paulus, kann im Einzelfall sehr fruchtbar sein, jedoch nicht institutionell an das Weiheamt gebunden werden. Die *eschatologische* Sichtweise, als Zeichen der übergroßen Liebe des kommenden Christus zölibatär zu leben, wird derzeit oft angeführt und in Priesterseminaren gelehrt. Es ist jedoch Aufgabe eines jeden Christen, Zeichen und Werkzeug der Liebe Gottes zu sein, die größer ist als alles. Dass es sinnvoll sein kann, in Gemeinschaft ehelos zu leben und so exemplarisch Kirche darzustellen, mag stimmen, kann jedoch nicht exklusiv an das Weiheamt gebunden werden, zumal die meisten Priester nicht wie Mönche im Kloster, sondern als Einzelgänger wie Singles leben. Schließlich wird bisweilen angeführt, es sei ein prophetisches Zeichen, in einer übersexualisierten Gesellschaft enthaltsam zu leben. Für mich ist es heute jedoch ein weitaus größeres prophetisches Zeichen, in einer Ehe treu zu sein und für seine Kinder zu sorgen. Die pragmatische Begründung, der Ehelose habe mehr Zeit für seine Gemeinde, fällt komplett aus, denn dann müsste man auch andere Berufe und Berufungen, die einen ganz und gar fordern, mit dem Zölibat verbinden. Ohne den Zölibat hätten wir ganz sicher mehr und auch glücklichere Priester, die sich die Arbeit dann ganz pragmatisch teilen könnten.

Nun gibt es den Zölibat und es stellt sich die Frage: Wie kann man damit umgehen? Die erste, schlechte Möglichkeit heißt *Regression*. Manche Priester bleiben menschlich unreif. Sie sprechen gottselig daher, feiern schöne Liturgien, wirken aber ansonsten ziemlich weltfern, blass und manchmal sogar lebensuntüchtig. Die zweite, ebenso schlechte Möglichkeit, ist die *Kompensation*, also die Verdrängung: Man befasst sich gar nicht erst mit allzu menschlichen Dingen und drängt alles weg. Das ist sehr gefährlich, weil sich alles Verdrängte irgendwann Bahn bricht. Eine typisch klerikale Form der Kompensation ist die der plumpen Machtausübung: »Macht ist noch geiler als Sex«, wie manchmal etwas drastisch gesagt wird. Die dritte, einzig gute Möglichkeit, die man auch im Priesterseminar lernt, heißt *Sublimierung*. Erotische Sehnsüchte und sexuelle Kräfte werden kulturell und emotional umgewandelt, zum Beispiel in gute Freundschaften, Musik und Literatur. Das hört sich gut an, gelingt aber nur sehr selten und birgt die Gefahr eines hochästhetisierten Narzissmus'. Die klerikale Zurschaustellung geistlicher Autorität durch herausgehobene Amtskleidung und aufwendige Gewänder ist sicherlich sehr häufig Teil einer solchen *Sublimation*.

Die Wirklichkeit sieht immer anders aus als das Ideal. Zwar gibt es viele gelungene Biografien von Priestern, die in dieser Lebensform wirklich glücklich geworden sind und sowohl in sich ruhende spirituelle Persönlichkeiten als auch begeisternde Seelsorger waren und sind. Meiner Erfahrung nach jedoch ist ein großer Teil der Priester am Zölibat einsam, unglücklich oder doch zumindest skurril geworden, manche sind komplett verwahrlost. Junge Priester haben häufig noch hohe Ideale, deshalb fällt ihnen der Zölibat nicht besonders schwer. Erst mit fortschreitendem Alter wird die Einsamkeit spürbar, man kommt in der Realität an und sehnt sich dann doch nach menschlicher Nähe.

Was vom Ideal her als Zeichen der Liebe Gottes gedacht war, erweist sich in der Realität immer mehr als eine strukturelle Sünde der Kirche. Das Priesterideal hält der Realität nicht stand, es wird nur noch zum Schein aufrechterhalten, es wird in vielen Teilen der Welt von vornherein nicht gelebt, ja es führt oftmals in einen abstoßenden Klerikalismus, der mit dem Christentum theologisch nicht vereinbar ist. Wenn Leib, Geist und Seele eine Einheit bilden, dann muss doch klar sein: Spirituelle, geistige und leibliche Vitalität gehen stets Hand in Hand. Vieles in der Kirche läuft so lahm und langsam, so lebensfremd und blutleer, weil die Leitungspersönlichkeiten ganzheitlich gesehen nicht vital sind. Einer der Diakone, die in meiner Landgemeinde zur praktischen Priesterausbildung waren, hat nur wenige Monate nach der Priesterweihe eine Frau kennen- und lieben gelernt und später geheiratet. Er war eine reife Persönlichkeit, ganzheitlich und vital, ein guter Seelsorger, Theologe und Prediger, der in der Gemeinde gut zurechtkam und den alle mochten. Das muss der Kirche doch zu denken geben, was für ein Verlust für die Seelsorge! Dasselbe kann ich auch von meinen Kurskollegen sagen, die ihr Amt aufgegeben und geheiratet haben, sowie von den Priestern, bei deren Trauung ich später assistieren durfte und die jetzt glückliche Ehemänner und Familienväter sind. Es stimmt mich nachdenklich, wenn ich im Gottesdienst meiner Pfarrei drei laisierte Priester mit ihren Frauen sehe. Alle drei Kollegen sind jünger als ich und waren wunderbare kreative Seelsorger, die ihrem Glauben und der Kirche gemeinsam mit ihren Frauen auch jetzt noch die Treue halten. Und das, obwohl diesen Kollegen der Beruf des Pastoral- oder Gemeindereferenten sowie des Ständigen Diakons für immer verwehrt bleibt. Nicht unerwähnt bleiben soll, dass auch Ständige Diakone ihr Amt ruhen lassen müssen, wenn sie nach dem Tod ihrer Ehefrau wieder heiraten wollen. Was für ein unbarmherziges System, das solche guten Talente ungenutzt lässt! Wofür eigentlich?

Der so genannte Pflichtzölibat ist also theologisch längst erledigt. Historisch, biblisch, humanwissenschaftlich – es gibt keine plausiblen Argumente für den Pflichtzölibat der Gemeindepriester. Meines Erachtens spielt, ähnlich wie beim Thema Frauenweihe, nur noch die Angst der sogenannten Amtskirche vor dem Thema Sexualität eine Rolle: die archaische Vorstellung von der Unvereinbarkeit von Sexualität und Kult, von Ehebett und Altar; also das, was ich mit kollektiver Sexualneurose der Kirche meine. Diese Vorstellung gibt es in vielen unaufgeklärten Religionen, im Christentum jedoch müsste sie längst überwunden sein. Denn Christen sehen in der Sexualität ein Geschenk des guten Schöpfergottes. Der Pflichtzölibat macht damit aus dem Gemeindepriester, bewusst oder unbewusst, eine magische Gestalt, einen Schamanen, einen Guru.

Warum halten manche in der Kirchenleitung dennoch so vehement am Zölibat fest? Mir scheint, man möchte vor allem, dass der Priester weiterhin den Anschein des Übermenschlichen trägt, des Außergewöhnlichen und Besonderen. Der Priester als Mittlergestalt, als magisch aufgeladene Person mit geheimnisvoller Macht, irgendwie anders, jedenfalls nicht ganz von dieser Welt. Letzten Endes ist das frommer Zauber für religiös Unaufgeklärte, die sich gerne der Hierarchie unterordnen. Offensichtlich hofft man, dass der Priesterberuf so attraktiv bleibt, jedenfalls für einen bestimmten Männer-Typ: Priestersein als numinoses Selbstdarstellungsfeld, als Bühne einer magisch-mächtigen Selbstinszenierung. Nur hat das aber mit Bibel und Theologie rein gar nichts zu tun, es wird höchstens wortreich frommgeredet, spirituell überhöht. Deshalb ist es allein intellektuell unredlich, am Zölibat festzuhalten. Die Ehelosigkeit um des Himmelreiches willen mag, freiwillig gewählt und als Charisma begriffen, eine Provokation der Freiheit sein; der Pflichtzölibat jedoch ist das Goldene Kalb der Klerikerkirche. Wer die Provokation retten will, wird die Pflicht endlich aufgeben müssen.

Besonders kirchenfromme Gralshüter behaupten gebetsmühlenartig, wir hätten ohne den Zölibat auch nicht mehr Priester. Das ist jedoch nur eine Ideologie, ein systemstabilisierendes Wunschdenken. Denn jeder zweite Anwärter bricht wegen des Zölibats die Priesterausbildung ab. Außerdem hätten wir in

Deutschland hunderte, weltweit tausende Priester mehr, die jedoch so ehrlich und wahrhaftig waren, wegen einer Beziehung ihr Amt aufzugeben. Sie waren zumeist kreative und menschennahe Seelsorger. Die Verteidiger des Zölibats behaupten zudem, man müsse eben darauf vertrauen, dass Gott ganz im Sinne der bestehenden Kirchenordnung nicht nur zum Priesteramt, sondern auch zur Ehelosigkeit beruft. Waren die ehemaligen Priester etwa nicht berufen? Oder haben sie schlicht die Herausforderung nicht bestanden? Wie kirchenförmig, ja wie naiv wird hier von Gott gedacht? Die Zeichen der Zeit jedenfalls zeigen in eine ganz andere Richtung, doch die will man nicht einschlagen, aus welchen Nebenabsichten auch immer.

Die Gralshüter projizieren häufig nur ihre eigene Ängstlichkeit und Verklemmtheit auf die gesamte Institution. Statt die komplette Seelsorge auf dem Altar des Pflichtzölibats zu opfern, sollten sie erst einmal ihre eigenen heiligen Kühe schlachten. Über Jahrhunderte galt neben der Ablehnung der Frauenweihe eine positive Einstellung zum Pflichtzölibat als eines der wichtigsten Kriterien dafür, ob jemand episkopabel ist, also für das Bischofsamt geeignet. Das Ergebnis dieser Erwählungspraxis kann nun jeder sehen: Die Kirche kommt nicht von der Stelle, die Seelsorge ist unfruchtbar geworden, denn das klerikale System vermehrt sich sozusagen nur durch Zellteilung. Dadurch entstehen bestenfalls Kopien männerbündischer Klischees, Klone eines bestimmten Klerikertyps. Vielfalt sieht anders aus. Ohne den Zölibat hätten wir garantiert mehr Priester. Dafür aber weniger komische Kandidaten und weniger unglückliche oder lebensferne Priester und Bischöfe.

Homosexualität: Hinter den Kulissen der Angst

Das Thema Homosexualität ist ein leidvolles Thema, die offizielle Position der Kirche dazu hat viel Unwahrhaftigkeit und Leid verursacht, ja es wurde gelogen, bis sich die Balken bogen, ein unwürdiges Versteckspiel rund um den heiligen Schein. Manche hat dieses Sich-Verstecken-Müssen sogar krank gemacht, weil sie ein Leben lang vor sich und ihren Selbstzweifeln davongelaufen sind, bei einigen hat es zumindest die persönliche Reifung und Identitätsfindung blockiert. Ich habe Priester erlebt, die von hohen Idealen sprachen und immer sehr scharf und moralisierend gegen Zölibatsbrecher und Homosexuelle gewettert hatten, sich dann aber selbst als praktizierend homosexuell erwiesen. Die Homophobie der Kirchenleitung hat ganz offensichtlich ihren Grund in der Homosexualität überdurchschnittlich vieler Amtsträger, die mit sich selbst nicht im Reinen sind. Sie kämpfen gegen ihren eigenen Schatten, ihre flammenden Reden zeigen die Zerrissenheit ihrer eigenen Seele und die Bedrohung durch alles, was sie verdrängen. In einem solchen System bewahrt eine zumindest vorgetäuschte Homophobie vor allen weiteren Fragen, da sie nach außen Rechtgläubigkeit suggeriert. Dass es in der Kirche in diesem Zusammenhang Heuchelei und Vertuschung gibt, wissen zumindest alle Priester nicht erst seit der Missbrauchsstudie, sondern bereits seit ihrem Eintritt ins Priesterseminar. Niemand sollte sich seine sexuelle Orientierung auf die Stirn schreiben, sie gehört zur persönlichen Intimität eines jeden Menschen. Solange es den Pflichtzölibat gibt, müssen hetero- wie homosexuelle Priester enthaltsam leben. Es wird jedoch Zeit, dass das Thema Homosexualität auch in der katholischen Kirche mithilfe der Humanwissenschaften enttabuisiert wird und man einen guten und wirklich wertschätzenden pastoralen und liturgischen Umgang damit findet. Die Kirche muss aufhören, im Namen eines vermeintlichen Naturrechts die gottgegebene Schöpfung zu bekämpfen.

Ich kenne Priester, die erst richtig konservativ geworden waren, nachdem sie ihre Homosexualität entdeckt, zeitweise ausgelebt und sich dann dafür geschämt hatten. Offensichtlich brauchten sie einen radikalen Hierarchie-Gehorsam als stützenden Rahmen für ihre Selbstkontrolle. Oder haben sie etwa gemerkt, dass die Kreise, in die sie hineingeraten waren, beim eigenen Fortkommen hilfreich sein würden, vorausgesetzt, man passt sich an, auch theologisch? Der überdurchschnittlich hohe Anteil an homosexuellen Klerikern sorgt in der katholischen Kirche nicht nur für Schweigekartelle und Substrukturen, sondern auch für eine gewisse Erpressbarkeit Einzelner. Ich bin davon überzeugt, dass die Ablehnung der Frauenweihe sowie das vehemente Festhalten am Pflichtzölibat teilweise auch mit bestehenden homosexuellen Seilschaften, angefangen im Vatikan, zusammenhängen – wobei die Seilschaften das Problem sind, und überhaupt nicht die Homosexualität. Man(n) möchte unter sich bleiben, Frauen würden diese Kreise wohl nicht nur stören, sondern zerstören. Der ultrakonservative Operettenkatholizismus mit seiner Liebe zur alten Liturgie, zur lateinischen Sprache und zu bunten Gewändern ist nicht nur etwas für fromme Ästheten und Traditionsliebhaber, sondern nachweislich auch ein Tummelplatz für homosexuelle oder zumindest homophile Kleriker. Andererseits gibt es Priester, die erst durch eine Beziehung wirkliche Seelsorger geworden sind, sie waren durch die Versöhnung mit sich selbst auch anderen gegenüber gütig geworden. Offenbar hatte das Unterdrücken und Kompensieren vorher alle Lebenskraft, Empathie und Liebesfähigkeit geraubt. Manch karrierebewusster Kleriker wurde von eitlem Dogmatismus befreit und mutierte zum mutigen und menschennahen Reformer, nachdem er akzeptieren konnte, was er jahrzehntelang an sich selbst und anderen bekämpft hatte. Ehrlich währt am längsten, ist am gesündesten, lässt aufatmen!

Sexueller Missbrauch: In der »DNA der Kirche«?

Das schäbigste Kapitel von Sein und Schein, ja die widerlichste Seite des klerikalen Machtgefälles heißt sexuelle Gewalt an Minderjährigen. Durch den Pflichtzölibat und die damit verbundene institutionelle Verdrängung der Sexualität wird niemand pädophil, der es nicht vorher schon war, aber es gelingt Pädophilen dadurch leichter, im System unterzukommen, eine Machtposition zu erreichen, Vertrauen zu missbrauchen und dann systemgestützt zum Täter zu werden. Insofern hat der Hildesheimer Bischof Heiner Wilmer recht, wenn er sagt, der Missbrauch von Macht stecke »in der DNA der Kirche«, die erst noch realisieren müsse, dass sie auch eine sündige Kirche sei, verwickelt in die Strukturen des Bösen. Und auch der Frankfurter Hochschulrektor Ansgar Wucherpfennig hat recht, wenn er sagt, die »zynisch Zölibatären« seien die größte Risikogruppe, da ihre Ehelosigkeit oftmals nur eine Flucht vor eigenen sexuellen Problemen sei. Es mag keine statistischen Belege geben oder einen empirischen Beweis für den Zusammenhang von Zölibat und Missbrauch, doch nach Jahrzehnten als Priester und im System sind die Folgerungen für mich evident. Auch hier geht es um ein System, das für Machtmissbrauch und Vertuschung anfällig ist.

Mehrere Priester, die Kinder missbraucht haben, sind mir namentlich bekannt, darunter auch der Pfarrer, der mich getauft hat.

Mehrere Opfer von sexuellem Missbrauch innerhalb der Kirche haben mir ihre Lebens- und Leidensgeschichte anvertraut, darunter Frauen und Männer, Ordensleute und Priester. Und der Bischof, der mich zum Diakon und Priester geweiht hat, schützte mehrere Missbrauchstäter und vertuschte ihre Taten. Warum wurden solche strafrechtlich relevanten Taten jahrzehntelang vertuscht, warum wurden die Täter geschützt? Aus Unkenntnis des Problems, aus eigener Sprach- und Hilflosigkeit oder vielleicht aus Angst? Das Problem der Vertuschung ist wieder einmal systemimmanent und kirchentypisch. Denn wer allzu leichtfertig von Barmherzigkeit zu sprechen gewohnt ist, wird diese auch nur allzu schnell für sich selbst beanspruchen, dabei jedoch die Gerechtigkeit für diejenigen übersehen, die der Anlass für diesen Selbstanspruch auf Barmherzigkeit sind. Täter können verdrängen, Opfer bekommen lebenslänglich. Ist das Böse einmal in der Welt, kann es nicht einfach ungeschehen gemacht werden, auch nicht durch Beichte und Therapie. Die leichtfertige Rede vom barmherzigen Gott kann dazu führen, sich selbst zu entschuldigen, statt um Verzeihung zu bitten, sich die Gnade Gottes selbst zu genehmigen, statt sie sich schenken zu lassen unter Tränen und dem Bemühen um Versöhnung und Wiedergutmachung. Ohne Gerechtigkeit gibt es keine Barmherzigkeit, ohne Buße keine Besserung.

Häufiger als der nachweisliche Missbrauch an Kindern ist jedoch eine Grauzone zwischen offenkundiger sexueller Unreife und strafrechtlich relevanter Übergriffigkeit: Kleriker bedrängen verbal oder medial junge Menschen zu einer zumeist seelsorglich getarnten Beziehungsaufnahme. Sobald dies als sexuelle Nötigung zur Anzeige gebracht wird, sind diese Kollegen verständlicherweise öffentlich »verbrannt«, sie behalten Amt und Gehalt, verlieren jedoch ihre konkrete Stelle und Aufgabe.

Meistens verschwinden sie spurlos oder werden irgendwo un-
auffällig untergebracht. Ein junger Priester erzählte ganz offen
davon, dass er gar nicht wisse, zu wem er sich sexuell hingezogen
fühle: Männer, Frauen, Kinder – es sei ihm eigentlich egal. Ein
solcher Mensch ist eine tickende Zeitbombe, spätestens nach der
erstbesten Lebens- oder Berufungskrise. Interessant ist: Wer als
Priester heiratet, verschwindet aus dem Priesterbuch und dem
Weihekurs seiner Diözese, so als hätte es ihn nie gegeben. Wer
als Priester Kinder missbraucht hatte, blieb lange Zeit zumindest
Mitglied des Klerus. Das Kirchenrecht stuft den Heiratsversuch
eines Klerikers als gravierender ein als den sexuellen Missbrauch
an Minderjährigen. Papst Franziskus geht hier konsequent und
vorbildlich vor und fordert null Toleranz ohne Ansehen von
Person und Amt. Seiner Meinung haben sich mittlerweile weltweit viele Bischöfe angeschlossen. Doch wäre das unter einem
anderen Papst auch so geschehen? Würden die Bischöfe genauso
entschlossen vorgehen, wobei in vielen Ländern ja weiter ein
beschämender Umgang mit dem Thema herrscht? Ich vermute,
das Ansehen ihrer ach so heiligen Kirche wäre einigen, die sich
jetzt entschlossen geben, immer noch wichtiger als das Wohl
und Wehe der Missbrauchsopfer. Die Angst um die Institution
Kirche wäre größer als die Sorge um die Menschen. Die Bistümer bringen zurzeit bereitwillig tote Täter und Vertuscher in
die Presse, dadurch wird der Anschein erweckt, es fände aktuell
kein Missbrauch mehr statt. Was für ein Trugschluss! Mit Prä-
ventionsschulungen versucht man, das Schlimmste abzuwenden,
mit aufwendigen institutionellen Schutzkonzepten und Inter-
ventionsbeauftragten will man verbindliche Vorgehensweisen
schaffen. Das alles mag gut und richtig sein, doch die system-
immanenten Machtstrukturen, die Missbrauch begünstigen,
sind damit noch nicht überwunden.

Ein sehr weiser, gütiger und glaubwürdiger Priester, der für Wahrhaftigkeit eintrat und dadurch häufig auf das Unverständnis seines Bischofs traf, sagte mir einmal: »Wer dieses System noch stützt, will entweder darin Karriere machen oder hat selber Dreck am Stecken.« Hier braucht es eine radikale Umkehr zu transparenten Strukturen und persönlicher Glaubwürdigkeit. Eine Ordensoberin erzählte mir, sie würde in Afrika für neue Bewerberinnen kein pfarramtliches Führungszeugnis mehr einfordern, weil viele der Pfarrer von den zukünftigen Novizinnen eine gewisse Gefälligkeit als Gegenleistung verlangt hätten. Andere Ordensfrauen haben mir erzählt, sie seien auch deshalb in den Orden eingetreten, um der sexuellen Gewalt in ihrem familiären Umfeld zu entkommen, sie hatten in der Kirche Geborgenheit und Schutz gesucht, eine neue Familie; angekommen in der Männerkirche, hatten manche von ihnen jedoch dasselbe erlebt, diesmal durch neue Überväter, nämlich durch übergriffige Priester und Bischöfe. Sexueller Missbrauch ist ein weltweites Phänomen, weil es weltweit Machtmissbrauch und innerkirchlich überall klerikale Scheinheiligkeit gibt.

Das Markusevangelium erzählt von der Versuchung Jesu am Anfang seines öffentlichen Wirkens. Dort heißt es: »Er lebte bei den wilden Tieren und die Engel dienten ihm« (Mk 1,13). Jesus kommt demnach ganz gut klar mit Engeln und Tieren, also mit hochfliegenden Idealen und erdenschweren Bedürfnissen. Er kann die Spannung zwischen Himmel und Erde aushalten, zwischen Geistlichem und allzu Menschlichem, zwischen Gott und Welt. Zusammengefasst meint das: Er ist eine reife Persönlichkeit, die Geist, Seele und Leib integrieren kann, die nichts abspalten oder für böse erklären muss. Die Versuchung besteht nun darin, im Namen des Engels das Tier zu bekämpfen, im

Namen hoher Ideale alles Menschliche abzuwerten und im Namen Gottes die Welt anzuklagen. Nicht umsonst gilt Luzifer als gefallener Engel, und mancher fabelhafter Drachentöter wird zum vorbildlichen Heiligen hochstilisiert. »Der Mensch ist weder Engel noch eine Bestie, und sein Unglück ist, dass er umso bestialischer wird, je mehr er ein Engel sein will« (Blaise Pascal). Der Idealismus vieler katholischer Kleriker verführt gerade dazu, im Geheimen die Sau herauszulassen – oder auch ein weniger harmloses Tier. Man wird immer auf dem Fuß erwischt, mit dem man vorher am heftigsten aufgetreten ist. Bei einer neugierigen und detailverliebten, dem Gewissen der einzelnen misstrauenden Sexualmoral sind die Neurosen und von daher das Scheitern besonders auf diesem Gebiet geradezu vorhersehbar. Ideale sollen nicht überfordern, sondern freundlich weiterleiten. Unrealistische und unerfüllbare Ideale jenseits gesunder Erdenschwere jedoch können einen Menschen innerlich zerreißen. Benedikt XVI. hat Anfang des Jahrtausends erste richtige Schritte getan und wichtige Maßnahmen eingeleitet, das kann man nicht leugnen. Aus meiner Sicht ist er trotzdem, zusammen mit einer ganzen Generation von Bischöfen, an der dunklen Seite dieses Idealismus gescheitert. Sie träumten von einer entweltlichten Kirche und übersahen dabei geflissentlich das Weltliche und auch das Widerliche in ihren eigenen Reihen. Wer so trennt – zwischen guter Kirche und böser Welt – wird beidem nicht gerecht, sondern entzieht sich jeder Veränderung und Wirksamkeit. Er flüchtet in den Altersstarrsinn, in die klerikale Ignoranz, in das Gedankenghetto einer vermeintlich heilen Kirchenwelt. Am sexuellen Missbrauch durch Kleriker sind dann selbstverständlich die anderen schuld: die böse Welt, die Feinde der Kirche, die moralisch Ungehorsamen – und am Ende der Teufel. Der aber ist nichts weiter als die personifizierte

Flucht aus der eigenen Verantwortung, eine Metapher für das Verdrängen begangener Schuld. Der Teufel sorgt dafür, dass man sich guten Gewissens selber leidtun kann, denn man ist ja nur in Versuchung geführt worden. Es ist erschreckend, wie naiv das Welt- und Gottesbild führender Kirchenmänner sein kann.

Eine besonders subtile Form klerikaler Macht ist der geistliche Missbrauch, der in bestimmten Fällen dem sexuellen Missbrauch vorangehen kann. Der geistliche Missbrauch besteht darin, dass eine religiöse Führungspersönlichkeit unter dem Vorwand und der Behauptung, mit Gott im Bunde und von ihm erwählt zu sein, andere Menschen von sich abhängig macht. Es sind die religiösen Führer und Verführer, die man aus Sekten kennt, aber auch die Kleriker in der katholischen Kirche, die anderen neugierig in der Seele herumkramen und dadurch mache spirituelle und intime Grenze überschreiten.

Mein verschrobener Heimatpfarrer zum Beispiel fragte uns Kinder in der Beichte nach sexuellen Praktiken, von denen wir als Kinder vor der Pubertät noch überhaupt nichts wissen konnten. Wer erst gar nicht zur Beichte kam, erhielt nach dem vorgesehenen Termin eine zweite Einladung. Hier hatte der Pfarrer das Beichtgeheimnis, das Person und Namen des Beichtenden miteinschließt, bereits verletzt, wenn er auch inhaltlich ganz sicher nichts weitersagte. Wir konnten nicht auswählen, ob und bei wem wir beichten wollten, wir hatten keine Wahl, denn er hatte die Macht.

Geistlicher Missbrauch ist mir auch in meiner seelsorglichen Praxis immer wieder begegnet, und zwar vor allem in bestimmten geistlichen Gemeinschaften. In meiner Landgemeinde gab es eine kleine Gruppe von selbsternannten Brüdern und Schwestern, die autoritär regiert wurden von einem offenkundig psychisch deformierten Leiter mit hohem Sendungsbewusstsein. Er machte nicht nur die Mitglieder seiner Gemeinschaft abhängig und krank, sondern tyrannisierte auch seine Umgebung mit angeblicher Rechtgläubigkeit, mit dogmatischem Kontrollzwang und vor allem mit tiefem Misstrauen. Aber auch manche kirchlich anerkannten geistlichen Gemeinschaften brauchen Umkehr und Reform, um aus geistlich missbräuchlichen Situationen herauszukommen. Sie missachten oftmals die innere und äußere Freiheit ihrer Mitglieder.

Selbst offizielle kirchliche Stellen können geistlich missbräuchlich handeln. Wenn sich beispielsweise ein Kurienkardinal anmaßt, die Meinung der Glaubenskongregation oder historisch gewachsene Kirchenstrukturen definitiv als Willen Gottes auszugeben. Wer so handelt, vergisst nicht nur die Bildhaftigkeit einer jeden Theologie, sondern erklärt darüber hinaus auch seinen eigenen Vogel zum Heiligen Geist.

Ideal und Wirklichkeit

Die Kirche hat hohe Ideale. Sie muss jedoch endlich in der Realität ankommen, muss herunterkommen vom Elfenbeinturm eines selbstverliebten, weltfremden Klerikalismus. Die Menschen wünschen sich keine Bevormundung, sondern Seelsorge. Man darf die Kirchenkrise nicht mit der grundlegenden Glaubens- und Gotteskrise der Postmoderne kleinreden oder gar zu entschuldigen versuchen, nur um sich selbst nicht ändern zu müssen. Die Kirche wird so lange ein Glaubwürdigkeitsproblem haben, wie sie paternalistisch und monarchisch regiert wird. Sie braucht synodale und demokratische Strukturen, wirkliche Mitbestimmung und Transparenz. Wie will sie sonst Zeichen und Werkzeug der Liebe Gottes unter den Menschen sein?

Reformer und Traditionalist

Der Reformer
geht zurück
bis zum Anfang.
Er versucht, daran anzuknüpfen,
wie es einmal begonnen haben mag.
Begeistert ruft er:
Wir müssen auf Jesus hören!

Der Traditionalist
geht zurück
in seine Kindheit.
Er macht aus seiner Wehmut
eine allgemein verbindliche Lehre.
Beleidigt behauptet er:
Es war schon immer so!

Die Argumente
sind stets auf Seiten der Reformer.
Traditionalisten
tun sich schwer in Diskussionen;
sie winden sich in dem,
was man von ihnen erwartet,
was sie sagen dürfen
oder was sie sich eingeredet haben,
bis sie es selber glaubten.

Meistens haben sie die Macht,
denn Reformen sind anstrengend
und stellen das System infrage.
Die Paragraphen sind auf ihrer Seite.

Jesus galt als unbequemer Reformer;
Traditionalisten brachten ihn um
nach Recht und Gesetz.

»Denn er lehrte wie einer,
der göttliche Vollmacht hat
und nicht wie die Schriftgelehrten« (Mk 1,22).

So geht es aufwärts mit der Kirche (5)

Will die Kirche in der Realität ankommen, muss sie

- die Gemeinde als theologische Größe ernstnehmen, nicht nur als Verwaltungseinheit,
- ihre Finanzen vollständig offenlegen und vorbildlich bescheiden auftreten,
- mit wiederverheirateten Geschiedenen die Liebe Christi auch sichtbar-sakramental feiern, nicht locker und leichtfertig, sondern begründet und barmherzig,
- den Klerikalismus überwinden und das Amtsverständnis entsakralisieren,
- Frauen den Zugang zu allen Weiheämtern ermöglichen,
- den Zölibat für geweihte Amtsträger freistellen,
- ihre Sicht auf die Homosexualität entpathologisieren,
- ihre kollektive Sexualneurose überwinden und ihre Sexualmoral unter Einbeziehung der Humanwissenschaften von Grund auf erneuern,
- das Gewissen jedes einzelnen als oberste Instanz akzeptieren,
- den sexuellen Missbrauch in ihren eigenen Reihen weiter (in Zusammenarbeit mit staatlichen Stellen) aufklären, präventiv arbeiten und Gewaltenteilung praktizieren.

Wer und was sich in der Kirche ändern muss

Sie und ich, wir alle

»Was muss sich eigentlich in der Kirche ändern?« Das fragte ein Reporter Mutter Theresa von Kalkutta. Die Antwort der »Mutter der Armen«: »Sie und ich!« Damit hatte der Reporter wohl nicht gerechnet. »Sie und ich, wir müssen uns ändern!« Er hatte wohl gedacht: »Jetzt zählt sie bestimmt die ganzen kritischen Themen auf. Alles, was die Leute von der Kirche erwarten. Reformen und so. Aber Mutter Theresa ahnte wohl, was er im Schilde führte.

Was sich also in der Kirche ändern muss, sind Sie und ich. Wir müssen uns ändern! Wir müssen anpacken, damit sich etwas bewegt. Da, wo wir leben, müssen wir uns einbringen. Müssen bei uns selber anfangen. Lamentieren nützt nichts. Draufhauen frustriert nur. Allerdings: Man darf auch nicht zu allem Ja und Amen sagen. Wie soll man auf die Glaubens- und Kirchenkrise reagieren? Was darf man darüber denken? Wie kann man angesichts dieser Spannung Christ sein, Katholik sein? Viele leiden still. Sie halten ihrer Kirche die Treue, auch wenn sie in der Öffentlichkeit angegriffen, ja belächelt werden. Manche ziehen sich resigniert zurück, sie interessieren sich einfach nicht mehr für die Kirche. Andere treten sogar aus der Kirche aus.

Ich bleibe in der Kirche. Und das nicht nur, weil ich Pfarrer bin. Ich lasse mir als Christ meinen Glauben nicht schlechtreden oder gar zerstören. Schon gar nicht von irgendwelchen klerikalen Egozentrikern oder Machtmenschen. Auch nicht von intransparenten Strukturen. Ich bleibe in der Kirche um Jesu Christi und der Menschen willen. Und ich habe die große Hoffnung, dass sich jetzt etwas ändert. Jetzt, wo nach dem Missbrauchsskandal das öffentliche Ansehen der Kirche im Keller ist und alle Reformthemen mit großer Dringlichkeit angegangen werden müssen. Jetzt, wo die Zeichen auf Erneuerung stehen und die Christen unbequeme Fragen stellen. Es ist Druck im Kirchenkessel: »Und sie bewegt sich doch!«

Im Glaubensbekenntnis heißt es: »Ich glaube die heilige katholische Kirche.« Kann ich das so einfach sagen? Ich habe damit kein Problem, trotz allem. Denn Kirche ist ja nicht bloß ein Verein. Wir alle sind Kirche. Und die Mitte ist Jesus Christus. Die Kirche ist nicht der Verein der Perfekten, sondern eine Gemeinschaft der Sünder. Jedem wird Vergebung geschenkt, jeder darf neu anfangen. Und das erste, das sich in dieser Kirche ändern muss, sind Sie und ich!

Es gibt viel zu tun

Was und wer muss sich außerdem ändern? Das habe ich nach jedem Kapitel in einigen Punkten zu formulieren versucht, von denen ich hier nichts zurücknehmen will. Manche der Themen bedürfen sicherlich einer intensiven theologischen Diskussion, einige sogar eines neuen Konzils. Was wir aber jetzt schon ändern können – ohne weltweite Einheit und Konzil, ohne Änderung des Kirchenrechts – ist dies: Wir brauchen eine Sprache und Liturgie, die verständlich sind und lebensrelevant. Theologie und Spiritualität müssen reflektiert und mystisch (nicht mythisch!) sein, praxisnah und ästhetisch ansprechend. Die Verantwortlichen in den Pfarreien und überschaubaren Gemeinden vor Ort müssen erreichbar sein und weiterzig. In der Ökumene brauchen wir einen sichtbaren Fortschritt im Miteinander, im Dialog mit den Religionen müssen wir lernen, auf Augenhöhe zu bleiben und den anderen wirklich verstehen zu wollen. Der kirchliche Apparat muss demokratischer werden, seine Entscheidungen nachvollziehbar und transparent, um die faktische Kirchenspaltung zwischen Leitung und Basis zu überwinden. Hierzu gehört auch, Frauen eine deutlichere Stimme und verlässliche Einflussmöglichkeiten zu geben – auf dem Weg zur Zulassung zu allen Weiheämtern. Amtsträger müssen jetzt schon lernen, nicht nur aufzutreten wie noch bis vor hundert Jahren, sondern einzutreten für die ihnen hier und jetzt anvertrauten Menschen. Das geht nicht ohne aufmerksames Zuhören, Wertschätzen und Ernstnehmen.

Wir brauchen ein neues christliches Selbstbewusstsein, ein Taufbewusstsein. Sprechen wir nicht von Ehrenamtlichen, sondern von Getauften! Sonst entsteht der Eindruck, es ginge in der Kirche doch nur um Dienste und Ämter, um Einfluss und Macht, um Titel und Pöstchen. Es geht um Jesus Christus und sein Evangelium! Wenn wir irgendwann haupt- und nebenberufliche Diakoninnen und Diakone, Priesterinnen und Priester, vielleicht auch Bischöfinnen und Bischöfe haben wollen, müssen wir jetzt schon andere pastorale Berufsgruppen ernster nehmen. Pastoral- und Gemeindereferenten sollen und wollen nicht nur Ersatz für fehlende Priester sein, sondern ein eigenes Berufsbild ausprägen. Dazu müssen die Gemeinden ihre Fixierung auf das Weiheamt, ja auf den leitenden Pfarrer als »Chef« überwinden und selber glauben und denken, reden und handeln.

Wir alle müssen lernen zu beten. Denn ohne das persönliche Gebet wird Gott zu einem Niemand. Wer als Amtsträger nicht betet, dem merkt man das schnell an, er betet am Ende alles nur noch herunter. Wer als Christ kein persönliches Gebet pflegt, der wird bald auch keine Gebetsgemeinschaft mehr suchen. Ein Christsein ohne Kirche aber ist für mich unvorstellbar, denn mein Glauben und Handeln braucht Nahrung, Korrektur, Erfahrung und Gemeinschaft. Kirche ist nicht nur Organisation, sondern Organismus (vgl. 1 Kor 12,12-30). Nur im lebendigen Miteinander kann sie sich entwickeln, glaubwürdig sein und anziehend. So wie der Christ von morgen ein Mystiker sein wird (Karl Rahner), so wird die Kirche von morgen spirituell sein – oder sie wird nicht mehr sein.

Was würde Jesus tun?

Bei vielen Alltagsentscheidungen schaue ich nicht ins Kirchenrecht und frage auch keinen Vorgesetzten. Ich frage vielmehr: Was würde Jesus dazu sagen? Was würde er an meiner Stelle tun? Solche Fragen sind einfach, aber auch vereinfachend. Wir können nicht bei allen Themen wissen, was Jesus dazu sagen und tun würde. Dennoch zeigt dieses Vorgehen eine Richtung an, es gibt eine alltagstaugliche Orientierung. Um der Menschen

willen gehe ich oft weiter als erlaubt, vor allem in der Liturgie, bei den Sakramenten und der seelsorglichen Begleitung von
Lebenskrisen und Lebenswenden. Dazu einige Beispiele: Bei
der Taufe muss einer der beiden Paten katholisch sein. Mir sind
aber evangelische Paten, die ihren Glauben leben, lieber als zwei
katholische Karteileichen mit korrektem Eintrag auf der Lohn-
steuerkarte. Das Kirchenrecht ist formal, der Glaube ist personal.
Bei der Gestaltung der Trauung bin ich sehr offen und komme
den Wünschen der Brautpaare weitgehend entgegen. Ich greife
nur ein, wenn die Gefahr droht, dass alles ins Klischee abdriftet
und sich jemand lächerlich machen könnte. Doch sonst soll der
Mensch im Mittelpunkt stehen, nicht formale Vorgaben! Dass
Geschiedene bei ihrer Wiederheirat und gleichgeschlechtliche
Paare bei ihrer Verpartnerung um einen Segen bitten können,
ist für mich eine Selbstverständlichkeit.

Ähnlich ist es bei Trauerfeiern und Beisetzungen. Lange Zeit
wurden aus der Kirche Ausgetretene nicht kirchlich beerdigt,
jetzt wird es ausdrücklich auch von offizieller Seite empfohlen.
Ich mache das schon seit fünfundzwanzig Jahren. Denn niemand kann die Höhen und Tiefen, die Irrungen und Wirrungen
eines Menschen beurteilen. Außerdem bleibt der aus der Kirche Ausgetretene zeitlebens ein getaufter und gefirmter Christ;
vielleicht hat er ja nur aus der Gemeinschaft der Kirchensteuer-
zahler, nicht jedoch aus der Glaubensgemeinschaft austreten
wollen. Der ökumenische Empfang der heiligen Kommunion
schließlich ist eine Gewissensfrage, ich darf dazu nicht einladen,
aber abweisen darf ich auch niemanden.

Es gibt das Kirchenrecht ja eigentlich nur, weil es in der Kirche mit der Gottes- und Nächstenliebe nicht so richtig klappt.

Das Recht ist dazu da, den Schwächeren zu schützen. In einer Organisation, die ihre Interessen lange Zeit durchsetzen konnte, diente das Recht aber immer auch zur Durchsetzung von Macht und Einfluss. Man wollte eine gewisse Gleichbehandlung und Einheitlichkeit schaffen, was aber nur dann funktioniert, wenn ganze Gesellschaften kirchlich sind. Und man wollte selber das Sagen haben. Im postmodernen Individualismus muss man jedem Menschen so gerecht werden, dass für ihn gute Erfahrungsmöglichkeiten und für die Kirche gute Anknüpfungspunkte entstehen.

Eine alltägliche Begebenheit aus meinem Pfarrbüro hat mir deutlich gemacht, dass Recht und Gesetz häufig vor allem Ausdruck von Macht sind. Vor meiner Zeit als Pfarrer herrschten in Münster Heilig Kreuz strenge Regeln, was die Orte und Zeiten für Trauungen anging. Ein Brautpaar wollte am Samstagnachmittag heiraten. Die Sekretärin lehnte ab: »Das geht leider nicht, Trauungen gibt es hier nur um 14 oder 16 Uhr, es ist aber um 15 Uhr bereits eine Taufe angemeldet.« Ich habe zu ihr gesagt: »Dann legen wir die Trauung einfach auf 13.30 Uhr.« Darauf die Sekretärin: »Das ist aber außerhalb unserer Regeln.« Meine Meinung: »Dann müssen wir diese Regeln eben ändern.« Später kam noch eine weitere Anfrage für eine Trauung hinzu. Wieder lehnte sie ab: »Nach der Taufe um 15 Uhr ist hier noch die Abendmesse um 18 Uhr, es geht leider nicht.« Meine Gegenrede: »Da passt doch noch genau um 16.30 Uhr eine Trauung dazwischen, wo ist das Problem?« Tatsächlich lag das Problem bei ihr. Sie meinte, man müsse strenger werden, die Leute wollten ja doch nur ihr persönliches Event, die Kirche müsse »gesundschrumpfen«. »Wenn wir auf diese Weise schrumpfen«, meinte ich darauf, »dann schrumpfen wir uns nicht gesund, sondern krank. Es werden dann nämlich nur noch die Ultrakonservativen bleiben, die anderen nicht.« Und ich habe ihr deutlich gemacht: »Wenn die beiden Brautpaare jetzt eine gute Erfahrung mit der Kirche machen, dann können sie nicht so schnell schlecht von uns reden. Und wenn sie aufgrund dieser Erfahrung in den nächsten Jahren nicht aus der Kirche austreten, haben wir schon viel erreicht, pastoral und sogar monetär, denn sie zahlen faktisch unser Gehalt. Seien wir also großzügig!« Diese kleine Begebenheit hat mir deutlich gemacht, dass unsere Regeln und Gesetze häufig nur deshalb durchgesetzt werden, weil wir unser Stückchen Macht nicht aufgeben wollen – und sei es noch so klein.

Was würde Jesus dazu sagen, was würde er tun? Er würde den Menschen mit Liebe und Barmherzigkeit entgegenkommen. Wirklich weitherzig und dadurch weitsichtig. Wer und was sich also in der Kirche ändern muss, sind zuerst einmal Sie und ich!

Wie es mit der Kirche aufwärtsgeht

Nichts ist unmöglich

Im Grunde genommen wissen alle, was jetzt zu tun ist. Die Kirche muss zunächst das Einmaleins jeder modernen Gesellschaft lernen: Menschenrechte, Gleichberechtigung von Mann und Frau, freie Entfaltung der Persönlichkeit, Gewaltenteilung und Machtkontrolle. Dann kann auch die Kirche synodale Strukturen schaffen, für Transparenz sorgen, Seelsorgepersonal fördern durch Änderung der Zugangswege zum sakramentalen Amt, Gleichberechtigung der Frau auch im Weiheamt. Es freut mich sehr, dass dies mittlerweile auch die meisten Bischöfe fordern, und sei es bei manchen nur, weil die mediale Öffentlichkeit sie vor sich hertreibt und sie mit dem Rücken ihrer Glaubwürdigkeit vor der Wand stehen. Die Angst weicht, der Mut zu einer eigenen Meinung wird stärker. Dennoch ist konkret nur wenig geschehen. Das liegt daran, dass es einer auf den anderen schiebt. Und meistens sagt: »man müsste« und »man sollte«. Im Konjunktiv aber kann man nicht leben!

Die Gemeinden sagen: »Wir können ja doch nichts ausrichten, wenn der Pfarrer es nicht will.« Die Pfarrer sagen: »Was sollen wir schon verändern? Hier ist der Bischof gefordert.« Die Bischöfe sagen: »Wir können leider nichts machen, es ist eine weltkirchliche Angelegenheit.« Was ist die Folge dieser Verschiebungstaktik? Es geschieht erst einmal gar nichts. Weil man aber spürt, dass sich jetzt doch irgendetwas ändern muss, ändert man erst einmal irgendetwas anderes: Man erfindet zum Beispiel neue Verwaltungsstrukturen, schreibt neue Grundsatzpapiere, stellt neues Behördenpersonal ein. Wieder einmal macht die Ratlosigkeit rastlos. Statt die Gemeindeebene zu stärken, wird die Zentrale aufgebläht. Immerhin hat man jetzt irgendetwas getan.

Es wird also Zeit, dass wirklich etwas geschieht: synodale Strukturen schaffen durch mehr Demokratie, für Transparenz sorgen durch Machtabbau auf der klerikalen Ebene, haupt- und nebenamtliche Frauen und Männer im Diakonen- und Priesteramt, damit die Kirche im Dorf und Seelsorge vor Ort bleiben kann, erreichbar und menschennah. »Wie soll das geschehen?«, fragte einst Maria. »Für Gott ist nichts unmöglich«, antwortete darauf der Engel. Doch die Erfahrung zeigt, dass Gott nur dann das Unmögliche tut, wenn wir das Menschenmögliche nicht unterlassen.

Die heiligen Kühe schlachten

Dazu muss die Kirche endlich ihre heiligen Kühe schlachten – und damit manche ihrer angeblich unersetzbaren, doch leider völlig unbiblischen und theologisch kaum noch nachzuvollziehenden Alleinstellungsmerkmale, die ohnehin nur Instrumente einer unseligen Allianz von Macht und Angst sind: das magisch aufgeladene und klerikale Priesterbild, die numinose Bindung des Priesteramts an den Zölibat, die archaisch-magische Abwertung der Frau sowie die peinliche Unterleibstheologie, die einmal bis ins Schlafzimmer hinein alles genau regeln wollte. Individualmoral war schon lange nur ein Mittel, von den wirklich großen gesellschaftlichen Themen abzulenken, denn die Kirche hing an ihrem Einfluss und brauchte dazu lange Zeit den Pakt mit den Reichen und Mächtigen. Da passte es gut, das Gewissen der kleinen Leute noch kleiner und diese Leute damit gefügig zu machen. »Wir haben den Menschen zuerst Sünden eingeredet, damit wir sie ihnen anschließend wieder nehmen konnten«, meinte dazu ein alter Pfarrer. Diese großen und kleinen, störrischen und selbstzerstörerischen Machtspielchen müssen aufhören. Päpste und Bischöfe haben seit dem Ende des Zweiten Vatikanischen Konzils um einer angeblich weltkirchlichen, vor allem aber innerklerikalen und männerbündischen Einheit willen jede Reform im Keim erstickt, ihr gemeinsamer Korpsgeist war ihnen offensichtlich wichtiger als der Geist Gottes, der die Kirche vorantreiben und nicht einsperren will. Nichts ist unmöglich. Schlachten wir deshalb die heiligen Kühe und halten wir Jesus die Treue!

Den Mut nicht verlieren

Auferstehung: Wenn man das hört, denkt man sofort an das Leben nach dem Tod. Kinder nennen es den Himmel. Erwachsene sehnen sich nach Vollendung. Sie wünschen sich, dass einmal alles gut wird. Leben mit Gott, Versöhnung mit sich selber und anderen. Auferstehung: Vielen fällt es heute schwer, daran zu glauben. Auch vielen Christen. Ich selbst habe schon an allem gezweifelt. Und vieles infrage gestellt, was die Kirche lehrt. An manchem habe ich mich schon richtig abgearbeitet, darüber nachgedacht, daran gelitten. Aber zwei Dinge waren für mich immer sonnenklar: die Existenz Gottes und das ewige Leben. Dass es Gott gibt – und dass er uns im Tod nicht fallen lässt.

Bei Trauergesprächen nenne ich dafür manchmal drei Gründe. Erstens: Wenn Menschen einander lieben, wollen sie nicht, dass der Geliebte einfach ins Nichts fällt. Liebe geht also über den Tod hinaus. Gott kann mehr lieben als wir. Er wird uns nicht ins Nichts fallen lassen. Zweitens: Mein Äußeres ändert sich ständig. Durch den Stoffwechsel. Fast alle Körperzellen werden im Laufe weniger Jahre vollständig erneuert. Aber ich bin immer noch ich. Meine Identität bleibt. Die Konstante meines Lebens ist also geistig. Mit Leib und Seele auferstehen bedeutet: mit Geschichte und Identität. Und drittens: Die Jünger Jesu haben die Botschaft von der Auferstehung mit Leib und Leben bezeugt. Sie mussten alle dran glauben, buchstäblich. Sie haben alles dafür gegeben – ihr Leben! Das hätten sie ganz sicher nicht getan, wenn alles eine Lüge gewesen wäre. Sie müssen etwas unglaublich Neues erfahren haben.

Auferstehung, Leben nach dem Tod. Was aber bewirkt diese Hoffnung heute schon? Ändert sich dadurch etwas? Gibt es Auferstehung schon jetzt? Es gibt doch auch ein Leben vor dem Tod. Lebt man dieses Leben anders, weil man diese eine große Hoffnung hat? Dazu sage ich ja. Das Leben vor dem Tod fühlt sich für mich völlig anders an, weil ich hoffe – auf das Leben nach dem Tod. Ich verliere nämlich alle Angst. Ich habe keine Angst mehr um mich selbst. Ich kann mein Leben verschenken, weil es schon gerettet ist. Ich muss nicht um mich selber kreisen, mit Zeit und Kraft nicht geizig sein. Ich muss auch nicht alles aus dem Leben herausholen, was womöglich drinsteckt. Ich muss aus mir nichts mehr machen, weil ich schon alles bin: Gottes geliebtes Kind – über alle Zeit hinaus. Mit einem Wort: Die österliche Hoffnung schenkt Gelassenheit.

Keine Angst mehr um mich selber haben, das bedeutet für mich: »Auferstehung jetzt«! Gelassen sein im Vorletzten, weil ich geborgen bin im Letzten. Eine solche Hoffnung wünsche ich allen meinen Mitchristen. Mit einer solchen Hoffnung können sie angstfrei leben.

Und ich wünsche unserer Gesellschaft eine solche Hoffnung. Auch bei uns in Deutschland kreisen noch viele um sich selbst. Sie denken nur an sich – und deshalb machen sie ihre Grenzen und ihre Herzen dicht. Sie polarisieren gegen andere Kinder Gottes. Sie fallen auf Populisten herein, die mit der Angst spielen und Wut schüren. »Auferstehung jetzt« – das bedeutet: Solidarität. Im Leben nach dem Tod wird es keine Grenzen mehr geben, keine Nationalitäten, ja nicht einmal mehr Religionen. Deshalb sollten wir im Leben vor dem Tod die richtigen Maßstäbe setzen. Der Himmel ist für alle, deshalb kann die Erde nicht nur für wenige sein. Wir sollten um Himmels willen die Erde nicht aufgeben. Weil später einmal alles gut wird, soll jetzt schon manches besser werden.

Auch unserer Kirche wünsche ich diese große Hoffnung. Da gibt es im Moment nur wenige Perspektiven. Viele haben richtig Angst um die Zukunft von Glaube und Kirche, ich auch. Manche haben schon resigniert, ich noch nicht. Die Unbeweglichkeit der sogenannten »Amtskirche« ist kaum noch auszuhalten, wenn auch im Moment einige Mutiges sagen. Eine riesige Institution steht sich selbst im Weg. Und aus dem kirchlichen Servicebetrieb entsteht nicht mehr das, was man Gemeinde nennen kann. Glaube und Kirche spielen sich fast nur noch an den Rändern ab: Geburt – Heirat – Tod, also Taufe, Trauung und Beerdigung. Dazwischen findet kaum etwas statt.

Seelsorger möchten gerne Gemeinde aufbauen, sie möchten ihren Glauben mit anderen teilen, aber sie fühlen sich oft nur benutzt. »Auferstehung jetzt« – das bedeutet für die Kirche: Treu bleiben und durchhalten, auch wenn zurzeit nur wenige Perspektiven da sind. Kirche im Karsamstag, so nennt man das: warten auf neues Leben; ausharren, bis es Ostern wird. Ich kann es nur persönlich sagen: Für mich ist das Evangelium nach wie vor die beste Botschaft der Welt. Dafür lohnt es sich zu leben. Deshalb werde ich nicht aufhören, auf Gott zu hören. Ich freue mich darüber, dass so viele Christen engagiert sind, wo auch immer. Sie machen mir Mut. Und zeigen mir, dass ich hoffen darf. Jedem Einzelnen von uns wünsche ich das: »Auferstehung jetzt«. Die Erfahrung von neuem Leben. In der Familie – aufeinander zugehen. Im Beruf – nicht nur seinen Job machen. In der Nachbarschaft – sensibel bleiben füreinander.

Die Ostergeschichten der Evangelien zeigen: Jesus ist wirklich auferstanden. Aber die Jünger erkennen ihn nicht, jedenfalls nicht sofort. Petrus und Maria Magdalena zum Beispiel. Sie brauchen jemanden, der ihnen die Augen öffnet. Petrus erkennt den Auferstandenen, nachdem Johannes sagt: Es ist der Herr! Maria Magdalena erkennt Jesus, als er sie anspricht: Maria!

Das bedeutet: Es gibt Auferstehung, aber sie ist ganz anders, als wir denken. Sie ist keine Wiederbelebung von etwas Altem, sondern etwas ganz Neues. Unvorstellbar! Das Leben nach dem Tod wird ganz anders sein, anders als alle unsere Vorstellungen.

Unsere Hoffnung wird erfüllt – aber anders, als wir denken, als wir erwartet haben.

Ist es mit dem Leben vor dem Tod nicht genauso? »Auferstehung jetzt« – für die Gesellschaft: Wenn wir solidarisch sind, werden wir uns verändern. Wir werden uns verändern müssen, uns und unsere Ansprüche. Wenn wir anderen auf Dauer helfen wollen, müssen wir unsere eigenen Ansprüche herunterschrauben. Teilen kann man nur, wenn man etwas hergibt, das einem lieb und teuer war. Wenn wir Frieden wollen, müssen wir andere Kulturen anerkennen. Es geht nur miteinander. »Auferstehung jetzt« – für die Kirche: Es wird eine ganz andere Kirche sein, die da aufersteht, womöglich eine mit weniger Einfluss, vielleicht eine arme Kirche. Eine Kirche, die weniger auftritt und dafür mehr eintritt. Eine Kirche, die nicht mehr viel zu verlieren hat, ist auch eine Kirche ohne Angst um sich selbst. Vielleicht kommt der Aufbruch ja nach dem Abbruch. So wie Ostern nach der Katastrophe des Karfreitags und dem Stillstand des Karsamstags.

Wohin fährt das Kirchenschiff?

Drei Kirchenbilder, drei berühmte Schiffe:
Arche – Titanic – Santa Maria.

Mit welchem Kirchenschiff
stechen wir in See?

Mit einer Arche?
In der Arche sammelt man den heiligen Rest.
Sind alle drin, macht man die Türen zu
und wartet, bis die Sintflut vorüber ist:

die Sintflut der Gleichgültigkeit, des Relativismus.
In diesem Kirchenschiff sitzen viele.
Für dieses Kirchenbild stehen manche:
unkritisch, gefolgstreu, fromm –
und haben doch längst dichtgemacht.

Mit welchem Kirchenschiff
stechen wir in See?

Mit der Titanic?
Ein Stahlkoloss, der als unsinkbar gilt;
oben wird noch gefeiert, unten dringt schon Wasser ein.
Ein Schiff, das bereits untergeht,
kollidiert mit den Spitzen des Eisbergs »Postmoderne«.
In diesem Kirchenschiff sitzen einige.
Für dieses Kirchenbild steht die Hierarchie:
selbstüberschätzend, dogmatisch, eitel –
und hat nur scheinbar alles im Griff.

Mit welchem Kirchenschiff
stechen wir in See?

Mit der Santa Maria!
Das Schiff des Kolumbus,
der eigentlich nach Indien wollte
und nebenbei Amerika entdeckte.
Es waren drei Schiffe – nicht eins allein.
Die Mannschaft durchschnittlich, die Schiffe alt.
Nicht wissend, wohin genau die Reise geht, doch mit Vision.
Wer mit Vertrauen aufbricht, entdeckt das Neue.
In diesem Kirchenschiff sitzen wir alle – miteinander!

Mein Glaubensbekenntnis

anstelle einer Rechtgläubigkeitserklärung

Credo – Ich glaube

Wir nennen das Glaubensbekenntnis »apostolisch«, weil es mit der Autorität der gesamten Kirche, angefangen bei den Aposteln, formuliert ist, und damit den Glauben aller Christinnen und Christen zusammenfasst. In Wirklichkeit geht der Text nicht auf die Zeit der Apostel zurück, sondern ist durch einen längeren Prozess entstanden. Die frühen christlichen Konzilien (Zusammenkünfte der kirchlichen Leitungsträger) sahen aufgrund verschiedener Streitfragen die Notwendigkeit, eine Art Minimalkonsens des Glaubens zu formulieren. Anfang des vierten Jahrhunderts lag der Text des Apostolischen sowie des Großen Glaubensbekenntnisses in der heutigen Fassung vor. Das Apostolische Glaubensbekenntnis ist die Taufurkunde aller Christen weltweit, alle Christen sind durch ihre Taufe auf dieses gemeinsame Bekenntnis »eingeschworen«.

Sprache und Symbolik des Glaubensbekenntnisses sind diejenigen der griechischen Antike. Wir denken und sprechen heute anders, müssen das Glaubensbekenntnis also übersetzen und interpretieren, um es wirklich zu verstehen. Wir würden heute unseren Glauben sicherlich ganz anders ins Wort bringen. Dennoch gebrauchen wir diesen einen alten Text und keinen anderen. Wir müssen unseren Glauben nicht erfinden, sondern nur finden. Wir finden ihn vor und wachsen hinein. Die alten Worte stehen dabei für die lange Tradition der Kirche, für den Glauben unserer Vorfahren. Wir bekennen unseren Glauben mit den Worten unserer lebenden und toten Geschwister. Dadurch erhalten sie ihre Würde und Kraft, es ist ein gemeinsames Beten über die Jahrtausende hinweg. In der Gemeinschaft – also auch in der Liturgie – verwenden wir den offiziellen Text des Glaubensbekenntnisses. Jeder Christ steht allerdings vor der Herausforderung, seinen eigenen Glauben auf persönliche Weise auszusprechen – und vor allem zu leben.

Der eigentliche Inhalt des christlichen Glaubens ist Jesus Christus selbst, von ihm haben alle Christen ihren Namen. Wir glauben nicht nur an die Wahrheit von Sätzen, Formeln und Geboten, sondern wir glauben an eine Person: Jesus Christus. Er ist »der Weg, die Wahrheit und das Leben« (Joh 14,6). Im Christentum geht es nicht nur um *den* Glauben, also um das Fürwahrhalten dessen, *was* Christen glauben, sondern es geht vielmehr um *das* Glauben als Ausdruck einer Haltung, die sich im konkreten Leben zeigt. Glauben ist ein Tu-Wort! *Wie* wir als Christen leben, ist für die Weitergabe des Glaubens weitaus entscheidender als *was* im Einzelnen geglaubt wird – wenngleich beides wichtig ist. Christen glauben und handeln wie Christus.

Gott ist dreifaltig einer

Das Glaubensbekenntnis ist dreigeteilt, es gliedert sich nach dem dreieinigen Gott, dem Vater und Schöpfer, dem Sohn und Erlöser, und dem Heiligen Geist und Lebendigmacher. Jesus nannte Gott seinen Vater, er fühlte sich Gott so nah, dass er eins war mit ihm (vgl. Joh 10,30). Nach Ostern spürten die Apostel, dass Jesus weiterhin bei ihnen war, durch die Kraft Gottes; diese Kraft aber konnte niemand anders sein als der anwesende Gott selbst. Dass Vater, Sohn und Geist aufs Engste zusammengehören, dass man die göttlichen Personen weder voneinander trennen noch einfach vermischen darf, haben die frühen Christen schon sehr bald erkannt. Wenn wir heute von Dreifaltigkeit oder Dreieinigkeit sprechen, so müssen wir uns bewusst machen: Auch dies sind menschliche Bilder; auch dies ist keine »Definition« Gottes, sondern ein Versuch, das Wesen Gottes in denkbaren Begriffen zum Ausdruck zu bringen.

Gott ist die Liebe (1 Joh 4,16)

Gott ist nicht dreifaltig im mathematischen Sinn: 1+1+1=3. Er ist dreieinig im personalen Sinn: drei sind eins, sind sich einig. Gott ist dreifaltig einer! So wie er sich uns Menschen gezeigt hat, als Vater, Sohn und Heiliger Geist, so ist er auch nach innen, in sich selber. In ihm selbst gibt es Beziehung. Gott ist Gemeinschaft, er ist die Liebe in Person. Wer liebt, ist Gott am nächsten. Und wo die Gemeinschaft stimmt – auch in der Kirche – da wird sie zu einem Bild jener geheimnisvollen Liebesgemeinschaft, die Gott selber ist. Gott-Vater ist dabei der Gott-alles-in-allem. Jesus Christus ist der Gott-an-unserer-Seite. Und der Heilige Geist ist der Gott-in-uns. »Gott ist mir näher, als ich mir selbst bin«, sagt Meister Eckart. »In ihm leben wir, bewegen wir uns und sind wir«, sagt der Apostel Paulus (Röm 14,8).

Ich glaube an Gott,

Glauben ist nicht das Gegenteil von Wissen. Es bedeutet vielmehr: »sich festmachen in Gott« (vom Hebräischen), »vertrauen«

(vom Griechischen), »sein Herz geben« (vom Lateinischen) und »ein Treueverhältnis eingehen« (vom Deutschen): Glauben kommt von »geloben«, nicht von »nicht wissen«. Als Christen glauben wir nicht nur, *dass* Gott existiert; dies wäre bloß eine Vermutung, ähnlich wie wir vielleicht »glauben, dass morgen schönes Wetter wird«. Wir glauben *an* Gott als Ausdruck seiner Beziehung zu uns und unserer Beziehung zu ihm.

Wir glauben dabei nicht an irgendein »höchstes Wesen«; auch nicht an ein »absolutes Prinzip«, sondern wir glauben an Gott, der ein Jemand ist, der Ich-Bewusstsein hat und für uns persönlich ansprechbar ist; wir glauben nicht an ein »Es«, sondern an ein »Du«. Ich-Bewusstsein und Personalität sind das höchste, was es auf Erden gibt. Deshalb kann derjenige, der das alles erschaffen hat, kein unpersönliches »Es«, »absolutes Prinzip« oder »höchstes Wesen« sein, sondern er muss mindestens das sein, was wir Menschen sind: Person, Bewusstsein – ein »Ich«, zu dem wir Menschen »Du« sagen können. Höchstwahrscheinlich ist er noch viel mehr, unbegreiflich, geheimnisvoll, eben – heilig! Nach dem biblischen Zeugnis lautet sein Name Jahwe, der »Ich-bin-für-euch-da«, der Mit-Seiende; der Gott, der Interesse hat am Menschen (vgl. Ex 3,1-15), ja noch mehr: der uns menschlich nahe gekommen ist in Jesus Christus.

den Vater,

Wir können von Gott nur in menschlichen Bildern und Begriffen sprechen. Glaubenssprache ist analoge Sprache, denn niemand hat Gott je gesehen. Wenn wir zu Gott »Vater« sagen, dann ist dies Bildsprache. »Vater« ist ja der Begriff für einen Mann, der ein Kind gezeugt hat. Deshalb kann Gott nicht »Vater« im wortwörtlichen Sinn sein, denn er ist ja Gott und kein Mensch. Wir nennen ihn »Vater«, weil Jesus ihn so erfahren und genannt hat. Für Jesus war Gott »wie ein Vater«. Jesus hat zu Gott nicht nur »Vater«, sondern sogar »Abba« gesagt, was soviel bedeutet wie »Papa«. Als Christen leben wir in der Gottesbeziehung Jesu. Auch wir nennen Gott »Vater«, weil Jesus ihn so genannt hat. Wir haben sozusagen einen Glauben aus zweiter Hand, nämlich aus der Hand Jesu. Wir glauben mit dem Glauben Jesu an Gott, der – zu Jesus und zu uns – wie ein Vater ist.

den Allmächtigen,

Wenn Gott allmächtig ist, warum greift er dann nicht ein? Das fragen viele, besonders wenn sie leiden oder wenn etwas Schlimmes passiert ist. »Allmächtig« (lateinisch *omnipotens*) meint so viel wie »allwirksam«. Gott will uns mit seiner Macht nicht klein machen, aber er ist wirksam unter uns. Er kann alles, was er will, aber er will nicht alles, was er kann. Er lässt uns Menschen die volle Freiheit, zu entscheiden, ob wir mit ihm leben wollen oder nicht. Er überlässt uns die Verantwortung, ob wir das Gute tun wollen oder das Böse. Immer wartet er auf die freie Antwort unserer Liebe.

den Schöpfer des Himmels und der Erde,

Dass Gott wirksam ist, sieht man an der Schöpfung. Er hat sie nicht einfach ins Dasein gerufen und dann sich selbst überlassen. Das Leben ist eine ständige Schöpfung, und wir können Gott überall auf der Spur bleiben, wo Leben ist. Dieses Leben ist kein Produkt blinder Naturgewalten, sondern eben – Geschöpf. Das ruft uns Menschen in die Verantwortung: Wenn alles und alle Geschöpfe sind, dann bin ich Mit-Geschöpf; dann ist jeder Mensch eine »verdankte Existenz« und diese Welt ein Geschenk Gottes an uns alle. Auch die Umwelt ist Mit-Geschöpf. Die

Ehrfurcht vor dem Leben, die Verantwortung für Welt und Mensch erwachsen aus dem Schöpfungsglauben.

und an Jesus Christus, seinen eingeborenen Sohn,

Niemand hat Gott je gesehen. Es gibt aber einen, der hat Gott am besten verstanden, hat von ihm am deutlichsten gesprochen und seine Liebe am glaubwürdigsten gelebt: Jesus Christus. Nicht nur, dass Jesus von Nazareth Gott am besten verstanden hat, dann wäre er vielleicht ein überragend guter Mensch mit außergewöhnlicher Gotteserkenntnis. Nein, dieser Mensch Jesus kam von Gott und ging nach seinem Tod und seiner Auferstehung wieder zu ihm, seinem Vater. Gott hat ihn in die Welt gesandt und dann, an Karfreitag und Ostern, auferweckt zum ewigen Leben. Deshalb nennen wir ihn den *Christus* (griechisch: der Gesalbte; hebräisch: der Messias). Jesus Christus ist er Erwählte Gottes, der Erlöser und Heiland. Weil er von Gott kam, mit Gott lebte und zu ihm auferstand, dürfen wir mit Recht sagen: Jesus Christus ist Gottes Sohn. »Eingeboren« heißt dabei so viel wie »einzigartig«. Niemand hat Gott je gesehen. Niemand – außer Jesus Christus.

Dieser Jesus Christus verkörpert das unterscheidend Christliche. Alle Weltreligionen kennen einen Gott oder mehrere Götter, die im Himmel oder anderen Sphären wohnen und deshalb unerreichbar sind. Für das Christentum thront Gott nicht unerreichbar im Himmel, er hat vielmehr Interesse an seiner Welt und ist dort gegenwärtig, wo die Menschen sind. Noch mehr: Er wird selbst Mensch, um unser Leben zu teilen, bis zum Tod am Kreuz, jenem letzten erschütternden Erweis seiner Hingabe und Liebe. Dadurch befreit er uns von der alten religiösen Angst, vor Gott nicht zu genügen und uns deshalb selbst bei ihm beliebt machen zu müssen. Diese Befreiung von der allen anderen Religionen innewohnenden Angst nennen wir – Erlösung. Jesus Christus ist die menschgewordene Liebe des Vaters, er macht leibhaft erfahrbar, wer Gott ist. Durch ihn ist die Güte und Menschenfreundlichkeit Gottes ein für allemal offenbar geworden. Gott ist nicht unnahbar fern, sondern menschlich nah.

unsern Herrn,

»Herr« – *Adonai* – war im Alten Testament eine Gottes-Anrede anstelle des aus Ehrfurcht unaussprechbaren *JHWH*. Nach der Auferstehung Jesu haben die Jünger und Apostel – und später alle Christen – Christus ihren »Herrn« genannt. Denn sie wussten: Er lebt jetzt bei Gott, in Gott. Er ist jetzt, genauso wie Gott-Vater, der »Herr«. »*Kyrie eleison*« sangen die Bürger von Byzanz, wenn ihr Kaiser von einem Feldzug siegreich heimkehrte; mit »*Kyrie eleison*« begrüßen die Christen ihren Herrn Jesus Christus, weil er den Tod ein für allemal besiegt hat. Das kürzeste christliche Bekenntnis heißt deshalb von alters her: »Jesus Christus ist der Herr!« Manche Zeitgenossen fragen: Was hat uns Jesus eigentlich gebracht? Ist die Welt durch ihn etwa besser geworden? Darauf antworten wir Christen: Jesus war kein Weltverbesserer; Jesus hat uns vielmehr Gott gebracht! Ohne ihn wüssten wir nicht, wer Gott ist.

empfangen durch den Heiligen Geist, geboren von der Jungfrau Maria,

Wenn Jesus der Christus ist, der Sohn Gottes, der Herr – was ist dann mit seiner Herkunft? War er dann nicht auch von Anfang an erwählt? War er immer schon Gottes Sohn, von Ewigkeit her? Und wenn ja, müssen dann nicht die Umstände seiner Empfängnis und Geburt außergewöhnlich gewesen sein? Solche

Fragen kamen im Urchristentum schon sehr früh auf. Man erzählte sich Geschichten von Maria, der Mutter Jesu, die Jesus empfangen hat durch das Einwirken Gottes. Später nannte man Maria sogar »Muttergottes«, weil sie Gottes Sohn zur Welt gebracht hat. Was ist davon zu halten?

Jesus ist und bleibt Gottes Sohn. Dass Gott, wenn er etwas ganz Neues anfängt, in der Lage ist, die Naturgesetze außer Kraft zu setzen, steht außer Zweifel. Eine jungfräuliche Empfängnis und Geburt stellen für ihn kein »Problem« dar. Andererseits hat Gott seinen Heiligen Geist in die Schöpfung hineingelegt und in dieser Schöpfung gibt es von ihm her nichts Schlechtes, auch nicht die Sexualität. Jesus wäre auch dann Gottes Sohn, wenn er auf ganz normalem Wege von Josef gezeugt und von Maria empfangen und geboren worden wäre. Vielleicht wäre dies sogar der göttlichere von allen menschlichen Wegen.

Das biblische Zeugnis ist eindeutig: Jesus ist jungfräulich empfangen worden, Maria und Josef hatten – zumindest bis zur Geburt Jesu – keinen Geschlechtsverkehr (ob sie zeitlebens in einer »Josefs-Ehe« lebten, ist auch in der Bibel nicht eindeutig). Doch auch hier gilt: Die Bibel spricht in Bildern, Begriffen und Symbolen, die der Interpretation bedürfen. »Empfangen durch den Heiligen Geist, geboren von der Jungfrau Maria« ist eine bildliche Vorstellung, die eine grundlegende Wahrheit zum Ausdruck bringt: Jesus kommt von Gott! Auch wir Menschen machen die Erfahrung, dass »einem etwas in den Schoß gefallen« ist. Das bedeutet: Ich habe nichts dazu getan, es war einfach da, es ist wie ein Geschenk auf mich zugekommen. Jesus ist Maria »in den Schoß gefallen«, sie hat selber nichts dazu getan, sie hat sich das »Mutter-Gottes-Sein« nicht verdient. Jesus war einfach da, er ist durch sie wie ein Geschenk auf die Menschheit zugekommen. Jesus kommt von Gott.

gelitten unter Pontius Pilatus,

Über das Leben Jesu, über seine Worte und Taten sagt das Glaubensbekenntnis nichts. Im Glaubensbekenntnis sind nur jene Eckpunkte ausformuliert, die in der frühen Geschichte der Kirche einmal strittig waren und einer Klärung bedurften. Dass Jesus gelebt und gelehrt, Menschen geholfen und geheilt hat, war immer allen klar; es wurde nie infrage gestellt und war niemals strittig. So kommt es, dass Jesus im Glaubensbekenntnis gleich nach seiner Geburt leidet und stirbt. Weil man damals noch keinen fortlaufenden Kalender hatte, sondern die Jahre nach den Herrschern zählte, hat eine so zwielichtige Gestalt wie Pontius Pilatus Eingang ins Glaubensbekenntnis gefunden. Der Sinn ist: Jesus hat wirklich gelebt, er ist eine historische Gestalt der Menschheitsgeschichte.

gekreuzigt, gestorben und begraben, hinabgestiegen in das Reich des Todes,

Der Kreuzestod war ein qual- und schmachvoller Tod. Weil die Menschen Jesu Liebe nicht verstanden haben, wurde er als politischer Aufrührer hingerichtet. Gott aber wollte seine ganze Liebe zeigen, seine Gewaltlosigkeit, Hingabe und Barmherzigkeit. Die Botschaft heißt: Gott kann uns leiden! Wichtig ist: Nicht ein Mensch leidet hier stellvertretend für die Sünden der Menschen, eine solche Vorstellung hätte verheerende Auswirkungen auf das Gottesbild Jesu vom barmherzigen Vater. Sondern: In Jesus leidet Gott an den Menschen – aus lauter Liebe. Unvorstellbar, aber wahr. Sieh auf das Kreuz: Das hat Gott auch für dich getan. So liebt Gott!

Das Glaubensbekenntnis sagt deutlich: Jesus war wirklich tot. Diese Feststellung ist so zentral, dass es gleich viermal gesagt wird. Jesus wurde gekreuzigt – das konnte keiner überleben. Er ist gestorben – wie alle Menschen sterben müssen. Er wurde begraben – seine Leiche wurde in ein Felsengrab gelegt. Er ist hinabgestiegen in das Reich des Todes – eine mythische Vorstellung, die zum Ausdruck bringt: Jesus war wirklich tot. So ist Gott: Er nimmt Leiden und Tod auf sich, um seine Liebe und Hingabe bis zuletzt durchzuhalten.

am dritten Tage auferstanden von den Toten,

Jesus lebt! Gott hat ihn nicht im Stich gelassen. Er hat ihm ein ganz neues Leben gegeben, ein Leben, das keinen Tod mehr kennt. Dies ist die zentrale Wahrheit des ganzen Christentums, darum dreht sich alles. Wenn manche sagen: »Ich weiß nicht, ob das wahr ist mit dem ewigen Leben, es ist ja noch niemand zurückgekehrt, um zu sagen, ob das stimmt«, dann können Christen antworten: »Doch, einer ist zurückgekehrt: Jesus Christus. Ihn haben seine Apostel gesehen – und sind für diese Wahrheit selbst in den Tod gegangen. Sie müssen also etwas Unglaubliches erfahren haben: Jesus, den Auferstandenen.«

aufgefahren in den Himmel; er sitzt zur Rechten Gottes, des allmächtigen Vaters;

Diese Sätze unseres apostolischen Glaubensbekenntnisses enthalten viel Mythologie und bildlich-symbolische Vorstellungen aus uns fremden Kulturkreisen. »Aufgefahren in den Himmel« bedeutet nicht, dass etwa der Himmel »oben« sei, die Erde aber »unten«, und Jesus quasi wie ein Senkrechtstarter abgehoben wäre. Der Himmel ist dort, wo Gott ist, jenseits unserer von Raum und Zeit geprägten Vorstellungskraft (auf Englisch: *»Only*

God is in heaven, clouds and planes are in the sky«; im Deutschen gibt es leider nur das eine Wort »Himmel«). Gott ist überall zu orten, doch nirgends zu lokalisieren. Wenn Jesus in den Himmel »fährt«, dann bedeutet das, dass er jetzt bei seinem und unserem Vater ist und sein ganzes Leben dahin »mitgenommen« hat – also auch sein Menschsein und sein Leiden. Wenn er dort »zur Rechten Gottes sitzt«, dann ist dies eine bildliche Vorstellung aus der Antike, der Königssohn und Thronfolger saß immer zur Rechten seines Vaters, des regierenden Königs. Christen bekennen, dass letzten Endes niemand anders als Jesus Christus diese Welt regiert, dass er allein über Zeit und Ewigkeit herrscht.

von dort wird er kommen, zu richten die Lebenden und die Toten.

Unsere Zeit hat ein Ende, sie läuft nicht einfach immer so weiter. Das Christentum vertritt ein lineares Weltbild: Wir glauben, dass allein Gott Anfang und Ende, Ursprung und Vollendung der Welt ist. Er ist der Weg und das Ziel. Wir glauben nicht, dass die Welt eines letzten Tages untergeht, sondern wir glauben, dass sie eines »jüngsten Tages« durch Christus vollendet wird. Unsere Erde wird also kein schreckliches Ende haben, wie die Apokalyptik behauptet, die unentwegt mit dem Weltuntergang spekuliert. Vielmehr werden Schöpfung, Menschheit und Kirche durch Christus in eine vollendete Gestalt hinübergeführt. Wir brauchen also keine Angst zu haben: Am Ende wird alles gut.

Dass Christus dann »richten« wird, hat frühere Generationen dennoch in Angst und Schrecken versetzt. Mit dem »Jüngsten Gericht« wurde regelrecht gedroht. Im Neuen Testament wird Christus als Richter bezeichnet, der Teufel als Ankläger und der Heilige Geist als Anwalt; es liegt auf der Hand, dass dies nur bildlich-symbolisch gemeint sein kann. Es bedeutet: Durch die Erlösung sind wir, obwohl wir Sünder sind, bereits freigesprochen, unsere Schuld ist getilgt. Keine böse Macht kann uns noch schaden, der Heilige Geist ist allezeit bei uns. Christus ist also tatsächlich ein Richter, jedoch einer, der nicht verurteilt, sondern freispricht. Er ist Richter, aber nicht Henker. Er richtet nicht zugrunde, sondern er richtet auf. Er richtet zurecht, was wir angerichtet haben und was noch falsch an uns ist. Er richtet alles Verkehrte und macht es wieder heil. Wir können uns fest darauf verlassen: Jesus Christus wird's schon richten mit dieser Welt. Er lädt ein zum himmlischen Gastmahl: Es ist angerichtet!

Ich glaube an den Heiligen Geist,

Nach der Auferstehung Jesu Christi spürten die Jünger, dass er ihnen weiterhin nahe geblieben ist. Und sie nannten den, der sie ermutigt und antreibt zur Verkündigung des Evangeliums, den Heiligen Geist. Das deutsche Wort »Geist« ist dabei kein guter Ausdruck – »Atem«, »Hauch« und »Wind« (hebräisch *ruach*, griechisch *pneuma*) passt eigentlich besser zu jener lebendig machenden Kraft, die wir als die dritte göttliche Person verehren. Die Geist-Kraft ist ja nichts anderes als die Gegenwart Gottes selbst. Wenn er seine Kraft gibt, dann gibt er sich selbst. Der Heilige Geist ist die Beziehung, die Gott stiftet, die Liebe, die er gibt, die Gnade, die er gewährt (vgl. Lk 11,13). Jedes Mal begegnen wir dem einen lebendigen Gott, wenn wir seine Gegenwart spüren und seine Kraft erfahren. Der Heilige Geist ist die Art und Weise, wie Gott in uns lebt und wirkt: er ist der »Gott-in-uns« (vgl. Röm 8,26). Den meisten Christen fällt es schwer, den Heiligen Geist zu beschreiben oder gar zu definieren. Im konkreten christlichen Leben geht es nicht so sehr um sein Wesen, sondern eher um sein Wirken als belebende und ermutigende schöpferische Kraft des immer gegenwärtigen Gottes (vgl. Apg 2,1-13).

die heilige katholische Kirche,

Das Wort »Kirche« kommt von *kyriake* – »die zum Herrn gehören«; die Kirche ist die *ecclesia*, die Versammlung der Herausgerufenen, also derjenigen, die von Gott berufen sind, Wort und Werk Jesu Christi in der Welt gegenwärtig zu halten – durch die Feier des Glaubens, die Verkündigung des Evangeliums, die Nächstenliebe.

Christen glauben nicht »an« die Kirche. Sie glauben »an« Gott-Vater, »an« seinen Sohn Jesus Christus und »an« jene göttliche Lebenskraft, die wir den Heiligen Geist nennen. Aber »an« die Kirche glauben sie nicht. Dies zeigt die lateinische Fassung des Großen Glaubensbekenntnisses ganz genau: »*Credo in unum Deum*«, »*Credo in unum Dominum Jesum Christum*«, »*Credo in Spiritum Sanctum*«, aber »*Unam sanctam catholicam*« – »Ich glaube die Kirche«. Wenn Glauben bedeutet, eine Beziehung zu leben, ein Treueverhältnis, ein Vertrauen, dann ist dies nur mit Gott selbst möglich, nicht jedoch mit der Kirche. Sie ist eine menschliche Gemeinschaft, in der es sehr menschlich zugeht. Sie hat aufgrund ihrer Fehler und Macken in ihrer Geschichte schon so ziemlich alles falsch gemacht, was möglich ist. Nur das eine hat sie immer treu getan: das Wort Gottes überliefern und die heilige Eucharistie feiern. Ohne die Kirche wüssten wir nichts von Jesus.

Die Kirche ist nicht von sich aus heilig. Sie ist eine Kirche der Sünder. Weil aber Gott durch seinen Heiligen Geist – trotz allem – in ihr wirksam ist, ist sie – von ihm her – seine heilige

187

Kirche. »Heilig« ist also mehr der göttliche Anspruch, der der Kirche innewohnt, als die menschliche Wirklichkeit, von der sie rein innerweltlich gesehen bestimmt ist. »Heilig« bedeutet dabei nicht »moralisch perfekt«, sondern »von Gottes Geist beseelt«; Heiligkeit ist nicht Tugend, sondern Geschenk. Als Christen glauben wir dank der Kirche, weil wir ohne sie nichts von Jesus wüssten. Wir glauben mittels der Kirche, weil niemand alleine glauben kann. Und wir glauben auch trotz der Kirche, weil sie die Botschaft des Evangeliums oft durch ihre menschlichen Fehler verdunkelt und unglaubwürdig macht. Kirche, das sind diejenigen, die weiter glauben, während andere zweifeln, und weiter beten, während andere stumm bleiben.

»Katholisch« kommt vom Griechischen *kata holon*, was so viel bedeutet wie »über das Ganze«. Die »katholische Kirche« im Glaubensbekenntnis ist also nicht die von Rom aus geleitete christliche Konfession, diese trägt den Namen »römisch-katholisch«. Wenn wir von der »katholischen Kirche« sprechen, dann bekennen wir uns zu der einen Kirche Jesu Christi, die wirklich »weltumspannend« ist und die – als Folge menschlicher Schuld – in drei große (römisch-katholisch, evangelisch und orthodox) und tausend kleine Konfessionen zerspalten ist. »Ich glaube die heilige katholische Kirche« – das könnten auch Protestanten und Orthodoxe bekennen. Immer muss sich die Kirche am Anspruch Jesu messen lassen, denn sie besteht aus jenen, »die zum Herrn gehören« und von ihm berufen sind. Weil dies alle Getauften sind, wird das Glaubensbekenntnis bei allen christlichen Taufen weltweit in dieser Form gesprochen. Alle Christen sind bei ihrer Taufe darauf »eingeschworen« worden. Das Glaubensbekenntnis ist damit wahrhaft ökumenisch – so wie die Taufe selbst.

Gemeinschaft der Heiligen,

»Heilig« sind nicht nur diejenigen, die vom Papst heiliggesprochen worden sind; diese gelten als Vorbilder und sollen Mut zum Glauben und Handeln machen. »Heiligkeit« ist keine moralische Höchstleistung, sondern Geschenk Gottes. Im Neuen Testament heißen alle Getauften »die Heiligen«. »Gemeinschaft der Heiligen« ist ein frühkirchlicher Ausdruck für die Kirche selbst – besonders für jene, die durch ihre Teilnahme an der heiligen Eucharistie »Gemeinschaft am Heiligen« haben.

Vergebung der Sünden,

Jesus hat Sünden vergeben und dadurch Menschen einen Neuanfang ermöglicht. Wenn die Kirche nicht die Gemeinschaft der Perfekten, sondern der Sünder ist, dann soll dort jeder die Botschaft hören und erfahren, dass es Vergebung gibt. Die Vergebung der Sünden beinhaltet auch ein Schuldigwerden-Dürfen. Nicht, dass man leichtfertig Leben, Wahrheit, Besitz und Ehe aufs Spiel setzen und daran schuldig werden soll, »weil einem ja doch wieder vergeben wird«. Sondern, dass keine Schuld zu groß ist, als dass Gottes Liebe und Barmherzigkeit nicht immer noch größer wären. In der Welt gibt es viele Möglichkeiten, Schuld einzugestehen und Frieden zu schenken – allein durch Gespräch und gegenseitiges Verzeihen. Von Gott her wird Vergebung gewährt durch Gebet, aufrichtige Reue und Versöhnungsbereitschaft. In der Gemeinschaft der Kirche wird durch den Empfang des Bußsakraments die ursprüngliche Taufgnade wiederhergestellt: Wir sind Kinder Gottes, was auch geschieht. Wir bleiben stets Schwestern und Brüder Jesu.

Auferstehung der Toten

Die Auferstehung der Toten ist der Dreh- und Angelpunkt des gesamten Christentums. Wenn Christus auferstanden ist, dann werden auch wir auferstehen (vgl. 1 Kor 15). Wie aber kann man sich das vorstellen? Wir sehen doch, dass der Leib im Tod zerfällt. Es bleibt im Letzten ein Geheimnis, doch einige Anhaltspunkte seien genannt: Durch den Stoffwechsel verändern sich die Moleküle unseres Körpers stetig. Etwa alle sieben Jahre sind wir, biologisch und chemisch gesehen, fast völlig neue Menschen. Dennoch wird jeder sagen: Ich bin immer noch ich, meine Identität ist dieselbe geblieben. Es gibt also etwas außerhalb unserer leiblichen Erfahrung, das Einmaligkeit verleiht. Die von dem griechischen Philosophen Platon her inspirierten Theologen nannten dieses Etwas die vom Leib getrennte »Seele«, die zu Gott aufersteht; »Seele« ist in der Bibel jedoch ein Begriff für den ganzen Menschen, für sein Wesen. Von daher ist es besser, von »Identität« zu sprechen: Meine Identität, meine unverwechselbare Einmaligkeit wird von Gott zu neuem Leben auferweckt. Aber auch das, was meine »Leiblichkeit« geprägt hat, wird nicht einfach untergehen. Der »Leib« ist ja mehr als Haut und Knochen. Er ist mein Kontakt zur Welt, er steht für meine Lebensgeschichte und meine Beziehungen, für alles, was ich im Leben geschaffen habe. Nichts davon wird bei Gott verloren sein. »Mit Leib und Seele auferstehen« heißt: Ganz und gar in Gott aufgehoben und vollendet sein, mit Identität und Geschichte. Dazu braucht es einen Neuanfang von Gott her: Der Mensch ist nicht von sich aus unsterblich, sondern nur durch die Gnade Gottes in Jesus Christus. Nicht wir werden aus uns heraus zum neuen Leben auferstehen, sondern Gott wird uns von sich aus zum neuen Leben auferwecken.

... und das ewige Leben.

Durch den Glauben an Jesus Christus haben wir die sichere Hoffnung, einmal für immer bei Gott zu Hause zu sein. Wir sind zuversichtlich, dass wir auferstehen werden, können aber noch nichts darüber sagen, wie es sein wird. Das können wir nicht, weil wir nur in Raum und Zeit denken können. Wie sollen wir etwas denken, was jenseits von Raum und Zeit liegt? Wie soll der Mensch Gott selbst und seine Ewigkeit zum Gegenstand seines Denkens machen?

Was wir sagen können, ist dies: Die Hoffnung auf das ewige Leben hat Auswirkungen auf das irdische Leben davor. Man soll den Christen »jetzt schon« ansehen, dass sie an das ewige Leben glauben. Weil ich ewig sein werde, muss ich mein Leben nicht ängstlich auspressen. Ich muss nicht alles herausholen, was womöglich drinsteckt. Ich brauche nicht egoistisch zu sein, sondern kann mein Leben an andere Menschen verschenken. Weil das Eigentliche noch kommt, muss ich nicht eilig durch meine Jahre hetzen. Durch die Hoffnung auf das ewige Leben habe ich auf Erden mehr Zeit. Ich kann im Vorletzten gelassen sein, weil ich im Letzten geborgen bin.

Amen.

Das bedeutet: Ich stimme zu. Ja, so sei es! Dieses Bekenntnis soll meinen Glauben ins Wort bringen. Auf dieses Bekenntnis bin ich durch die Taufe »eingeschworen«, bin in die Gemeinschaft der Christen »hineingetauft«. Der lebendige und liebende dreifaltige Gott soll mein Leben bestimmen.

Eine Kurzformel des Glaubens

Das offizielle Glaubensbekenntnis der Kirche, das sich über Generationen und Jahrhunderte bewährt hat, muss durch mein eigenes Glauben eine persönliche Note bekommen. Was glaube ich? Wie glaube ich? Wer ist Jesus für mich? Das kürzeste Glaubensbekenntnis lautet: »Ich glaube Jesus seinen Gott!« Was zunächst wie falsches Deutsch klingt, so als sei der Dativ wirklich dem Genitiv sein Tod, zeigt sich als treffliche Kurzformel des Glaubens. »Ich glaube ihm – Jesus – seinen Gott!« Das bedeutet: Ich glaube ihm. Ich glaube, dass er von dem Gott sprach und mit dem Gott lebte, der wirklich Gott ist. Jesus hat Gott gelebt, er hat mir Glauben vorgemacht, ich glaube mit seinem Glauben. Mein Glaube ist sozusagen aus der Hand und dem Herzen Jesu. Ich glaube Jesus seinen Gott – mir genügt das.